AF200888

Tintenfeder und Tintenfass
möchten Sie da und dort daran erinnern,
was Schreiben um 1900 hieß.

Inhalt
Bd.1

Bd.2
Kirche und Kultur wohnen nun einmal bei einander im Erdenhaus.

Eine intellektuelle Existenz im Spiegel
literarischer Arbeiten (Supplementband)

Bibliographische Information der Deutschen Nationalbibliothek:
Die Deutsche Nationalbibliothek verzeichnet diese Publikation
in der Deutschen Nationalbibliographie. Detaillierte bibliographische
Daten sind im Internet
über http://dnb.dnb.de abrufbar

© 2017 Ralf-Andreas Gmelin
Herstellung und Verlag
BoD – Books on Demand, Norderstedt

ISBN:978-3-7448-6813-6

A. Vorwort

Als der Verfasser im Jahr 2001 als Pfarrer an der Evangelischen Ringkirchengemeinde in Wiesbaden seinen Dienst antrat, gehörte zu den damaligen Gemeinderäumen im Kaiser-Friedrich-Ring 3 ein offenbar von Wenigen geliebter Raum mit einer ungeheuren Regalwand, in der ungeordnet und kaum beachtet die papiernen Schätze einer über hundertjährigen Geschichte der Ringkirchengemeinde lagerten.

Von der Gemeindesekretärin, Petra Höhne, bekam er zudem einiges Material, das sie hätte vernichten sollen und stattdessen sicher verwahrt hatte. Es enthielt kostbare Hinweise auf die Gemeindegeschichte und löste im Nachhinein sein empörtes Kopfschütteln aus über die – vor seiner Zeit - angeordnete Vernichtung gemeindegeschichtlicher Unterlagen. Und zugleich gewann er Respekt vor der Verantwortungsbereitschaft einer Mitarbeiterin.

In diesen ersten Wochen seiner Pfarrertätigkeit in Wiesbaden schlug er in diesem Raum sein Dienstquartier auf, da die Pfarrdienstwohnung samt Amtszimmer noch nicht fertiggestellt war. In den Arbeitspausen widmete er sich einige Zeit den alten Unterlagen. Zu den auffälligeren Archivalien gehörte eine Zahl von Büchern mit dem Autorennamen „Fritz Philippi". Nach einigen Recherchen wusste er, dass dieser Pfarrer der Ringkirchengemeinde von 1910 bis 1933 gewesen ist und auch als Dichter, Romanautor und Erzähler hervorgetreten war. So war der Gedanke geboren: Du müsstest aus dem Material „einmal etwas machen", das dich zugleich einführt in die Gedankenwelt von einem, der fast hundert Jahre vor dir hier gewirkt hat.

Wie es so geht im Leben, kamen zuvor andere Projekte: Ein Kirchenführer musste für die Ringkirche verfasst werden[1] – dazu mussten die Archivalien durchgesehen werden. Damals stellte er mit Bestürzung

---

[1] Mittlerweile in dritter Auflage: Ralf-Andreas Gmelin, Der Dom der kleinen Leute. ring edition, Ev. Ringkirchengemeinde, Wiesbaden, 2008.

fest, dass die Bauakten der kunsthistorisch bedeutendsten Kirche Wiesbadens, der Ringkirche, verschwunden waren,- und niemand mehr wusste, wo sie gelagert wurden. Als diese Jahre später wieder aus dem Keller unter der Marktkirche auftauchten, war ihm selbstverständlich, dass er diese Akten ordnen, sie in ein Findbuch eintragen und elektronisch erfassen müsse. Heute bilden sie mit den weiteren Archivalien das Archiv der Evangelischen Ringkirchengemeinde, das im Pfarrhaus an der Ringkirche untergebracht ist. Dazwischen galt es noch, die Festschrift zum 25. Jubiläum der Ringkirche von Heinrich Schlosser neu heraus zu geben, freilich mit klärenden Verweisen.

Aus der Hand der Familie Natzel, Nachkommen des Pfarrers Fritz Philippi, bekam er dann wiederum einige Jahre später eine große Kiste mit weiteren Materialien zu Fritz Philippi. Sie enthielt neben weiteren Büchern einen handgeschriebenen Predigtband und eine Kriegsauszeichnung. Die Erinnerung an die alten guten Vorsätze wurde erneuert, aber wiederum standen andere Projekte vornean, zum Beispiel auch die Erfassung der alten Pfarrchronik der Ringkirchengemeinde, die – ähnlich wie die Bauakten – einige Jahre spurlos verschwunden war, aber dann wieder in seine Hände gekommen war.

Als dann im Jahr 2016 die „Stadtteilhistoriker" in Wiesbaden ausgeschrieben wurden, und ein Abgabedatum gesetzt wurde, sprang er mit seiner Bewerbung auf diese wunderbare Initiative auf, hauptsächlich, um sich zu zwingen, den guten Vorsätzen termingerechte Taten folgen zu lassen. Diese erfolgreiche Bewerbung zeigte Wirkung: Zum Einen gab es vielfältige Unterstützung und guten Rat und zum Anderen ermöglichte sie viele Kontakte mit anderen Interessenten und ihren Projekten. Schließlich machte er sich umgehend daran, Fritz Philippi sorgfältig zu studieren, um den Zeitrahmen einzuhalten.

Von Fritz Philippi hatte er zuvor einige Gedichte und durch einen früheren Kontakt mit Westerwälder Philippi-Freunden auch einige seiner Dorf-Geschichten aus dem Westerwald kennen gelernt. Auch hatte sich in der Ringkirchen-Pfarrchronik einiges über Fritz Philippi gefunden, was einen freundlichen liberalen Theologen zeigte, der mit Humor und Menschenzugewandtheit seinen Dienst tat. Dass diese

Eindrücke vor drei Generationen gewonnen worden waren, hatte er in der Folge erheblich unterschätzt. Die systematische Lektüre dessen, was er z.T. zu einem Lesebuch zusammentrug, zeichnete dann ein anderes Bild, als das, das sich seine Phantasie aus dem Wenigen eingebildet hatte. Philippi lebte von 1869 an. Sein Leben begann vor der Industrialisierung. Seine Heimat ist das Land Nassau, das gerade eben zu Preußen gekommen war. In seine frühe Kindheit fällt der siegreiche Krieg dieser Preußen von 1870/71. Europa läuft nun auf einen gewaltigen Nachfolge-Krieg zu, der die Welt dann von 1914 bis 1918 in eine grauenerregende Schlacht zieht, die alles verändern wird. Philippi erlebt sodann die Nachkriegsjahre von 1919 bis 1924 in denen er - wie viele - kaum einen klaren Blick auf die Zukunft bekommt, denn allenthalben herrscht das Chaos. - Das Leben seit seinem Geburtsjahr 1869 erforderte andere Menschen, andere Gedanken und andere Werte als das Leben, das der Verfasser seit 59 Jahren führte. - Abgesehen davon, dass er beim Grundwehrdienst in der Bundeswehr die Verteidigungsbereitschaft der Bundesrepublik unterstützen sollte, durfte er im tiefsten Frieden leben in einer in Europa unvergleichlich langen Friedensepoche. Manches, was dem heutigen Leser als unerträgliche Spekulation erscheint, lässt vergessen, dass Menschen vor 100 Jahren zu manchem Wissensgegenstand kaum wirkliche Sachkenntnisse besaßen.

Das Ergebnis meiner gründlichen Lektüre war eine herbe Enttäuschung: Ich wollte mir Fritz Philippi ganz anders vorstellen und fand mich zunehmend distanziert von seiner Person und dessen Werk. Verschärft wurde dieser Trend, als ich entdeckte, dass der Dichter und Schriftsteller noch eine weitere Dimension hatte. Er war ein emsiger Autor für unzählige Zeitschriften, zum Beispiel für „Die christliche Welt", die die bedeutendste liberal-theologische Zeitschrift der damaligen Zeit war, aber auch für das nassauische „Evangelische Gemeindeblatt", für Friedrich Naumanns „Die Hilfe" oder die Münchener Zeitschrift „Jugend". In diesen Beiträgen zeigte sich ein Intellektueller, der sensibel die Sorgen und Nöte seiner Zeit, seiner Kirche, der deutschen Literatur und seines Landes wahrnahm und öffentlich nach Lösungen suchte. Diese Suchbewegungen berührten dann auch meine eigenen Vorstellungen und meine eigene Theologie. Zunächst wollte ich, dass mich meine Arbeit nicht infrage stellt mit ihrer anderen Epoche und deren Wertvorstellungen, musste aber einsehen, dass man sich dem nicht verschließen darf, wenn man sich mit einer historisch-literarisch-theologischen Arbeit gleichsam dreifach aufs intellektuelle Glatteis begibt.

Abgesehen von der Wirkung auf ihren Erzähler besteht Geschichte aus dem Erzählen von Geschichten und beide, das Geschehene und das Erzählte suchen eine geheimnisvolle Nähe zueinander, ohne sich jemals vollständig zu decken. Dieser Erkenntnis folgt dieses Nachdenken über Fritz Philippi.

Bis zum Ersten Weltkrieg hatte mancher Intellektuelle eine Lösung der bedrängenden „sozialen Frage" durch eine proletarische Revolution im Marx'schen Sinne gesucht. Innerhalb der evangelischen Kirchen hoffte man dem entgegen zumeist auf eine politische Lösung im christlichen Sinne - zunächst auch im Rahmen der Monarchie. Während des Ersten Weltkriegs waren solche Zukunftskonzepte zweitrangig, Kampf und Sieg gingen vor. Als sich dann die Niederlage abzeichnete, versank Deutschland in einem vielfältigen Strudel von unterschiedlichen politischen, weltanschaulichen und religiösen Angeboten – samt Gewalt auf den Plätzen.

Vor allem in der Zeit nach dem Ersten Weltkrieg und damit auch nach der Oktoberrevolution 1917 in Russland hatten viele politisch Wache die linke Option verloren. Nachdem die bürgerliche Revolution den russischen Bolschewiken die Arbeit abgenommen hatte, indem sie das Zarenregime stürzte, setzten sich dennoch die Bolschewiken gegen sie durch und nahmen Millionen von Toten in Kauf, zum Beispiel bei ihrer verfehlten Agrarpolitik – ganz abgesehen von den politisch motivierten Morden. Philippi war nach unserer Kenntnis niemals Sozialist, er nennt Sozialisten da und dort „Materialisten". Auch Streiks und Demonstrationen betrachtet er in distanzierter Skepsis. Die Zukunftsvisionen, die in seinem Werk gezeichnet werden, zeigen ein Deutschland, das sich einsam einer Übermacht anderer Völker gegenüber sieht und darum besonderer Solidarität bedarf, die sich in einer besonderen Arbeitsmoral ausdrückt. In der verzweifelten Lage nach dem Ende des

Krieges suchen viele – eine nationale Lösung, die zugleich auch die soziale Frage löst. Diese „völkischen" Standpunkte klangen in meinen Ohren nach dem Pathos der späteren Nationalsozialisten oder der spanischen Falange. Obwohl von der aufrichtigen Sorge um die Zukunft der Menschen in seinem Land getragen, kam dem Verfasser Philippi – der im Jahr der nationalsozialistischen „Machtergreifung", 1933, starb – wie ein potentieller Nationalsozialist vor, was er nachweislich nicht gewesen ist.

Obwohl Philippi sich mit seinem Engagement als politisch wacher und weltanschaulich engagierter Denker zeigt, kostete seine Nähe zu völkischen Ideen ihn bei dem Autor erhebliche Sympathien.

Das Ergebnis seiner monatelangen Unzufriedenheit mit Fritz Philippi in seinem Entwurf hat im März 2017 Professor Dr. Stephan Weyer-Menckhoff, Mainz, gelesen. Er hat mit seiner Kritik geholfen, den historischen Abstand ohne Wertung wieder in den Blick zu nehmen, damit diese Arbeit ihrem Gegenstand, dem emsigen, zeitkritischen Dichter, Romanautor und Journalisten gerecht wird und sich nicht allein um das aktuelle Missbehagen ihres Verfassers dreht. Darum haben der Verfasser und diese Arbeit ihm sehr viel zu danken.

Die aktuelle Wiedergeburt völkischer Ideologien in den Vereinigten Staaten, in Ungarn, der Türkei oder im eigenen Land hatte beim Verfasser eine Überreaktion ausgelöst. Für diese derzeitige Rückkehr vieler Gesellschaften zu heilloser politischer Engstirnigkeit kann Philippi nichts und hat schon darum ein Recht, aus seiner und nicht aus unserer heutigen Epoche heraus beurteilt zu werden.

Den Nachkommen der Familie Philippi ist diese Arbeit sehr zu Dank verpflichtet für die Unterstützung, die sie mit Material und Überlassungen gewährt haben. Auch den Westerwälder Philippi-Freunden, vor allem Federico Fritz und Albrecht Thielmann übermittelt sie großen Dank für Anregungen und Material.

Den Aktiven der Stadtteilhistoriker dankt der Verfasser ebenso wie den Mitarbeiterinnen und Mitarbeitern des Zentralarchivs der Evangelischen Kirche in Hessen und Nassau, des Wiesbadener Stadtarchivs, des Hessischen Haupt-Staatsarchivs Wiesbaden und der Landes- und Hochschulbibliothek Wiesbaden, ebenso wie der Seminarbibliothek der evangelisch-theologischen Fakultät in Mainz. Sie haben Anteil daran, dass diese Arbeit nicht in der Planung stecken geblieben ist und sich weiter entwickeln konnte. Der Aufgabe der Korrektur haben sich gewidmet: Dr. Ullrich Bischof, Manfred Gerber und Dr. Hermann Otto Geißler. Ihnen gilt mein ganz besonderer Dank für ihre Zeit, ihre Arbeit, ihre Geduld und ihre Ratschläge!

Allen, die der Verfasser – ob sie wollten oder nicht – während seiner Arbeit von seinen aktuellen Fragen, Aufgaben oder Nöten in Kenntnis gesetzt hatte, seine Frau, seine Kinder, Freunde, aber auch Gemeindeglieder, Gottesdienstbesucher oder Kollegen, dankt er für ihr geduldiges Zuhören und bittet um Vergebung, wenn er da und dort ihre Geduld etwas überstrapaziert haben sollte.

Den Lesern dieses Buches dankt er für den Mut, sich auf diese so andere Zeit einzulassen und wünscht ihnen Einsicht in zeitlose Fragen des Menschseins wie in zeitgebundene Problemfelder, die uns heute fern und manchmal erschreckend nahe liegen. Diese Arbeit hat bei ihrem Autor viele tiefgreifende Fragen ausgelöst. Wenn sie das auch bei ihrem Leser schafft, war die Mühe, sie zu schreiben bei ihm - und sie zu lesen bei Leser oder Leserin, nicht umsonst.

Am Ende dankt der Verfasser den Förderern der Wiesbadener Stadtteilhistoriker für den Druckkostenzuschuss, ohne den es diese Bände nicht gäbe.

Wiesbaden, im Sommer 2017,
Ralf-Andreas Gmelin

B. Fritz Philippi, ein Leben mit der Tintenfeder

I. Kindheit, Schule und Studium

Fritz Philippi wird in einem kleinen Landstädtchen mit preußischer Residenz und ein wenig Kurbetrieb am 5. Januar 1869 geboren. Seit der preußischen Annexion, 1866, nahm dieses Wiesbaden einen erheblichen Aufschwung, und die kleine Bäderstadt wird es bis zum Image einer „Weltkurstadt" bringen. Die historische Bevölkerungsstatistik in Wikipedia zeigt für 1869 eine Zahl von weniger als 40.000 Einwohnern, Wiesbaden hatte also eine Größe, die heute der Größe von Limburg oder Hofheim entspricht. Die Stadt, in die Philippi hineingeboren wird und mit deren Bewohnern er über die Mutter vielfältig verwandt sein wird, ist nicht die gleiche, in die er 1910 zurückkehren wird. Sein Vater war aus Usingen gekommen und hatte in der Wiesbadener Hellmundstraße 37 eine Schlosserei eröffnet. Unter diesem Namen „Philippi" arbeitet noch heute ein Metallbauunternehmen (mit familiären Wurzeln der heutigen Inhaber). Dort in der Hellmundstraße wuchs Fritz auf, zusammen mit vier Brüdern.

Fritz Philippi hat kurz vor dem Ersten Weltkrieg die Erzählung „Der Armensarg" für die Münchener Zeitschrift „Jugend" geschrieben (Nr. 12, 21. März 1914) und damit seiner versunkenen Heimatstadt ein Denkmal gesetzt:

> Wer unsere Stadt vor dreißig, fünfunddreißig Jahren gekannt hat, weiß, daß es sich im ehemaligen Tintenviertel bescheiden, aber anständig leben ließ – wie damals alle Leute gewohnt waren zu leben. Die Hausbesitzer, zumeist Handwerker, wohnten „ebener Erde", hinten hinaus dehnten sich lange Höfe mit lärmfrohen Werkstätten. Die Meister gingen noch in der blauen Schürze und fegten ihre Straße selber. Und auch das Äußere ihrer Häuser war nüchtern, aber respektabel.

Damals wohnte Haus bei Haus in den besseren Stockwerken die Schrei-
berzunft, oder was sonst Tintenfinger hatte. Daher der Name Tintenviertel.

Die Meister und die Beamtenschaft hatten nachbarlich zwar mancherlei
aneinander auszusetzen. Es konnte vorkommen, daß im „Heidelberger
Faß" der Stammtisch der Meister in rauhen Kehllauten sich räusperte:
Man tausche noch lange nicht mit papiernen Tagelöhnern. Und der
Stammtisch der Tintenfinger gab zurück: Man könne es im Stuben-
spucken und anderen ungebildeten Handwerksknoten gleichtun.

Aber einträchtig wandelte dann die Nachbarschaft vom Bierkrug in den
Wirtshof, um einzugehen durch die Holztür mit dem herzförmigen
Ausschnitt und der geheimnisvollen Nummer 0, und wandelte selb-
ander im Männergespräch an den Nachtlaternen vorüber zum heimi-
schen Tor und half sich aus mit dem Hausschlüssel.

Es waren auskömmlich gemütliche Zeiten im alten Tintenviertel.

Soweit schildert Philippi seine Kindheitserinnerung an ein Wiesbaden,
das sich in den Jahren seiner Abwesenheit erheblich wandeln wird. Wie
genau sich die Veränderungen abgespielt haben, wird Philippi
bestenfalls indirekt mitbekommen haben, denn nach seinem
Militärdienst wird er von 1888 bis 1909 zuerst als Student, dann als
Pfarrer außerhalb von Wiesbaden leben. Der Erzähler Fritz Philippi
benennt die Veränderungen in seinem Heimatviertel im Anschluss in
der genannten Erzählung:

Dann aber kam über unsere Stadt das Baufieber. Wiesen, Gärten und
Bäche wichen nach dem Wald hin, um asphaltnen Straßen und hohen
klotzigen Häuservierecken Platz zu machen, an deren Außenseite sich
wilde Phantasien in Schlangenlinien und unechter Plastik austobten. Alle
Straßen wurden patriotisch benannt. So entstand das Generalsviertel.

Es kam im Heidelberger Faß zum Krach, der durch keine Versöhnungs-
gänge aus der Welt zu schaffen war. Papier und Tinte erhob sich und
wanderte aus. Die allgemeine Meinung kam auf in der Beamtenschaft,
sie bedürfe zur Bekundung ihres Patriotismus und im Standesinteresse,
in einer besseren Gegend zu wohnen mit allem Zubehör, nämlich stei-

nernen Nistkästen, Balkons genannt, und eines besonderen Eingangs für
Dienstboten und Lieferanten.

Und im alten Tintenviertel? In die verlassenen Quartiere schob sich
geringes Volk nach, war grau in grau anzusehen und trug Staub und
Werktagsgeruch in den Kleidern. Bald zog sich über das ganze Viertel
eine gemeinsame graue Altershaut, breitete sich über Gassen, Stiegen
und Höfe. Die langen Höfe krochen in sich hinein und nahmen vorlieb
zwischen eilig erbauten Mittel- und Hinterhäusern, wo kümmerliches
Volk mit vielen Kindern billigen Unterschlupf suchte.

Trotz der gemeinsamen aschgrauen Haut war die Nachbarschaft dahin.
Man kannte sich kaum, wechselte oft. Und jeder hatte mit sich zu tun.

Da wir aus dem Privatleben Philippis kaum Briefe oder andere persönliche Dokumente haben, sind wir auf seine veröffentlichten Texte
angewiesen, um seine Jugend und Studienzeit zu erhellen. Im Jahr 1925
hat Philippi eine Schilderung dieser Zeit abgegeben, die im Wiesbadener Tagblatt veröffentlicht wurde, bevor der Roman „Vom Weibe bist du" in Fortsetzungen abgedruckt wurde:

Ich bin als Wiesbadener „Virreche"[2] geboren im damaligen Tintenviertel: vor 56 Jahren, wo sich in unserer Stadt noch gemütlicher leben
ließ als heute. In meines Vaters Schlosserwerkstatt habe ich, wenn ich
an schulfreien Nachmittagen „nichts zu tun" hatte, oft den Blasbalg
ziehen oder an der Drehbank das Schwungrad bedienen müssen, auch
das „Schlosserkarrnchen" durch die Gassen drücken. Die feinen Herr-
chen unter meinen Klassenkameraden schimpften mich „Schlosserge-
sell". Als ich das Gymnasium auf dem Luisenplatz schlecht und recht mit
„genügend" im Deutschen absolvierte, hatte ich's nicht bis zum Mu-
sterschüler gebracht. Dass ich aber Pfarrer werden wollte, löste einige
Verwunderung in der Nachbarschaft aus. „Ich sei doch sonst nicht so
dumm." Auch meine Universitätsjahre in Berlin, Tübingen und Marburg
verliefen unauffällig ohne dass der Polizei etwas Nachteiliges über mich
bekannt geworden wäre.

---

[2] Selbstbezeichnung alter eingeborener Wiesbadener, „Vetterchen".

Als Durchschnittsmensch kam ich ins Pfarramt und wurde zum Schmerz meiner verwitweten Mutter, die als einzige von mir Besonderes erwartete, in das nassauische Sibirien, den Westerwald, geschickt.[3] Ich sehe sie noch die erschrockenen Hände geben: „Hast du denn ein so schlechtes Examen gemacht?" Auf dem Westerwald aber, in der ursprünglichen Stärkennatur, fand ich meine zweite Heimat. Dort kam ich ans Schreiben und als mein erstes Büchlein erschienen, schimpften meine Bauern. Aber ein Literaturpapst entdeckte mich als einen Schüler „Roseggers"[4].

Seitdem bin ich ein mit Tintenfingern behafteter Pfarrer. Besagter Literaturpapst hat ausnahmsweise sich nicht geirrt als er behauptete, dass der Mensch und Künstler bei mir auf den Talar abgefärbt haben. Zur steifen Amtsperson habe ich keine Anlage. Auch als Pfarrer bin ich ein Menschensucher und, was ich unter diesen zweibeinigen seltsamsten Herrgottsgewächsen erlebte, habe ich in meine Botanisiertrommel, d.h. ins Buch gesteckt. Mein Amt ist der Mensch. Und weil ich bei allen großen Lebensereignissen hinzukommen darf als Menschenfreund, wüsste ich nicht, was ich lieber wäre. Religion und Kunst gehören zusammen.

Wir lesen, dass Philippi nicht wie die meisten Handwerkssöhne auf die Mittelschule, sondern auf das Gymnasium ging, das seit 1834 in Preußen zum Hochschulzugang berechtigte. Philippi erinnert sich später, dass ihm manchmal bereits bei Schulaufsätzen die Phantasie durchging und er frei erfundene Geschichten aufschrieb, die indessen bei seinen Lehrern auf geteilte Begeisterung trafen – und seiner Note eher abträglich waren.

---

[3] Philippi wird 1897 nach Breitscheid in seine erste Pfarrstelle eingewiesen, wo er bis 1904 bleibt.

[4] Peter Rosegger (eigentlich Roßegger; * 31. Juli 1843 in Alpl, Steiermark; † 26. Juni 1918 in Krieglach) war ein österreichischer Schriftsteller und Poet. Im Unterschied zu Philippi kam er aus bäuerlichen Verhältnissen und beschrieb volkstümlich das einfache Leben. Er vertrat eine nationale Haltung, auch wenn er sich von völkisch-antisemitischen Strömungen distanziert. (Vgl. wikipedia Rosegger, Peter (Art.))

Fritz Philippi wird während seines Universitätsstudiums der Theologie berühmte, nur wenig ältere Lehrer wie Adolf von Harnack (1851-1930) oder Martin Rade (1857-1940) finden. Das wird Folgen haben: Fritz Philippi wird bis ans Ende ein „liberaler" Theologe bleiben und zu dem gehören, was damals die kirchliche „Linke" hieß. Die Mehrheit der in der Kirche aktiven Verantwortungsträger gehörten der Gegenpartei der „Positiven" an. Insbesondere die kleine nassauische Kirche mit ihren großen, ländlich konservativen Gebieten – wie dem Westerwald – war stark von den „Positiven" geprägt. Ein Großteil solcher Pfarrer war den Liberalen feindlich gesonnen und drängte sie in eine „bildungsbürgerliche Minderheitenrolle", wie Gangolf Hübinger das beschrieben hat.[5] Innerhalb der kirchlichen Entscheidungsprozesse hatten es Liberale schwer und auch die „positive" Publizistik hetzte mitunter hemmungslos gegen diese Richtung. Ruth Conrad schildert den Brief des Theologen Erich Klostermann, in dem sein Vater ihn davor gewarnt hat, im Tübinger Verlag Mohr-Siebeck zu veröffentlichen, weil der bekannt für seine liberale Richtung war: Er fürchtet, „daß Du damit auf die Siebeck'sche Theologie festgelegt erscheinen kannst, und dann hast Du in Preußen, soweit ich die Stimmung kenne, kein Ordinariat in absehbarer Zeit zu erwarten."[6]

Raum und Zeit werden Philippis Leben in sechs Epochen zerteilen, die nur schwer unter eine Hut passen:

1. Zuerst der behütete Beginn in der preußischen Provinzstadt Wiesbaden, einschließlich einer einjährigen Militärzeit in seiner Heimatstadt und dem anschließenden Studium an angesehenen Universitäten, 1869-1897;

---

[5] Gangolf Hübinger, Protestantische Kultur im wilhelminischen Deutschland, in: IASL 16,1, 1991, 174-199.
[6] Ruth Conrad, Lexikonpolitik, Die erste Auflage der RGG im Horizont protestantischer Lexikographie. Walter de Gruyter, Berlin, New York, 2006, 203.

2. zum anderen das Leben auf der rauen Hohen Heide in Breitscheid und Umgebung, 1897-1904,

3. als drittes die Begegnung mit den lebenden Toten im Gefängnis in Diez, 1904-1909.

4. Die vierte Epoche war die Vorkriegszeit in Wiesbaden, 1910-1915,

5. als fünfte folgt die Verwendung als Feldprediger an der Front meist bei Arras 1915 -1918 –

6. und schließlich endet Philippis Leben in der Zwischenkriegszeit, die noch an den Wunden des verlorenen Krieges trägt, 1919-1933.

Diese Arbeit hat als Schwerpunkt die Abschnitte vier bis sechs, in denen Philippi in Wiesbaden lebt und die Quellenlage günstig ist, weil er rastlos literarisch und journalistisch tätig ist.

Philippi studierte evangelische Theologie in Berlin, Tübingen und Marburg. Während der Tübinger Zeit schließt er sich einer der beiden Straßburger Burschenschaften zu Tübingen an, einer patriotischen Studentenverbindung der „Deutschen Burschenschaft". Die Deutsche Burschenschaft hatte sich nach den Napoleonischen Befreiungskriegen gebildet, um sich für Demokratie und Einheit der deutschen Nation einzusetzen. An den Universitäten wollten ihre Mitgliedsbünde den „Pennalismus" überwinden, eine raue Rauflustigkeit, die oft gefördert wurde von Zusammenschlüssen (Landsmannschaften) der Studenten verschiedener deutscher Herkunftsländer. Die Burschenschaften hielten es für unwürdig, dass sich junge Männer deutscher Herkunft gegenseitig duellierten. In Erinnerung an den militärisch unwirksamen, aber symbolisch gewichtigen militärischen Einsatz von Studenten gegen die napoleonischen Truppen im Lützow'schen Freicorps, das durch Gedichte seines in der Schlacht gefallenen Dichters, Theodor Körner, berühmt wurde, wurden die Burschenschafter zur Wehrbereitschaft angehalten, um die deutsche Nation gegen außerdeutsche Feinde verteidigen zu können. Gegründet worden war Philippis Verbindung in Straßburg, zog dann aber um nach Tübingen, wo zwei Burschenschaften dieses Herkommens noch heute existieren, die beide nicht zur Auskunft über einen ehemaligen Bundesbruder in der Lage sind.

Philippi absolviert nach der ersten kirchlichen Prüfung sein Vikariat in dem Dorf Altstadt bei Hachenburg und lebt 1893/94 wieder ein Jahr in seiner Heimatstadt Wiesbaden, weil er einen einjährigen Militärdienst im preußischen Füsilierregiment von Gersdorff ableistet. Er nimmt seine Vikariatstätigkeit wieder auf in Freiendiez, und schließlich eine Pfarrverwaltung an der Kirche St. Peter, die zwar am Rande der Stadt Diez steht, aber für Altendiez und einige andere Dörfchen zuständig ist.

Nach seiner Ordination am 7. Oktober 1894 – wenige Wochen bevor seine spätere Arbeitsstätte, die Ringkirche, eingeweiht wird, wird ihm vom zuständigen Generalsuperindendenten Karl Ernst[7] geraten, zuerst eine Dorfpfarrstelle zu bekleiden. In die Stadt könne er, wenn er Erfahrungen gesammelt habe, immer noch gehen, - wenn er dann noch wollte. Ursprünglich hätte der junge Geistliche lieber dem Ange-bot Folge geleistet, an der Wiesbadener Marktkirche zu bleiben, wo man ihm eine Stelle angeboten habe. Er bekommt Bedenkzeit und schläft über den weisen Rat des „Pfarrergenerals", wie er den Generalsuperintendenten in seiner Autobiographie nennt - und stimmt am nächsten Tag zu, in den Hohen Westerwald, nach Breitscheid zu gehen.

---

[7] Karl Ernst (1834-1902) folgte dem letzten Landesbischof der ehemals selbständigen nassauischen Kirche nach dessen Tod im Jahre 1882. Vgl. Heinrich Steitz, Geschichte der EKHN, III. Teil, Marburg ,1965,400.

Fritz Philippi, im Chargenwix seiner Burschenschaft, vermutlich der Straßburger Burschenschaft Arminia zu Tübingen, ca. 1890, aus dem Besitz der Familie Philippi.

Bevor Philippi nach Breitscheid geht – weder Eisenbahn noch Droschke erreicht den Ort im hohen Westerwald damals – heiratet er im Sommer 1897 in Limburg: Das Bild zeigt das junge Ehepaar Fritz und Elisabeth, geb. Zimmermann, deren Hochzeit in Limburg stattgefunden hatte. (Foto aus dem Privatbesitz von Thomas Philippi und Christiane Philippi-Stahl)

II. Pfarrer in der nassauischen Provinz

Philippi schreibt, dass seine Mutter sehr unglücklich über diesen Entschluss war, zumal sie als Städterin ein Leben auf dem Dorf als unvorstellbar ansah und an ihrem Sohn später immer wieder feststellen wird, dass er da oben „verbauere". Er bewirbt sich im Februar 1897 für die Stelle und wird am 1. Juli Pfarrer im Hohen Westerwald. Schon am Sonntag darauf, den 4. Juli führt ihn der zuständige Dekan im

Gottesdienst in sein Amt ein. Fritz Philippi führt ein beschauliches Leben als Dorfpfarrer und erlebt in Breitscheid die harten Auseinandersetzungen mit den regionalen Pietisten und später auch den Beginn der Industrialisierung. Die intellektuell etwas einsame Stelle, bei der er als einziger Akademiker einer lebenspraktischen, aber bildungsfernen Dorfbevölkerung gegenübersteht, hat zwei Folgen: Zum einen treffen sich einige gleichgesinnte Pfarrerkollegen regelmäßig zum „Weller Kranz"- dem Westerwälder Pfarrer-Kränzchen -, einer Art privatem Pfarrkonvent, wo man einerseits Klatsch und Tratsch austauscht, aber andererseits auch das diskutiert, was an Zeitfragen und theologischen Problemen anfiel. Zusätzlich beginnt Fritz Philippi mit seiner schriftstellerischen Tätigkeit: Ab 1898 wird er regelmäßiger Kolumnist für die „Christliche Welt", einem wichtigen Organ der theologischen Liberalen, das der Marburger Theologieprofessor Martin Rade in Zusammenarbeit mit seiner Frau Dora[8] herausgibt. Dabei spielen Rezensionen eine Rolle, aber auch andere zunächst kleinere Kommentare. Wenig später beginnt Philippi mit der Erfindung von Dorfgeschichten aus dem Westerwald. Die ersten veröffentlicht er unter dem Titel „Einfache Geschichten" im Jahr 1899. Mit diesen Westerwälder Dorfgeschichten trifft er den Geschmack weiter Kreise. Noch 1927, sechs Jahre vor seinem Tod wird ein Band solcher Geschichten erscheinen.

Der Erfolg dieser Geschichten hat eine tiefere Ursache, die mit der Bildungspolitik Preußens verbunden ist: Alles, was in Nassau nach 1866 gedacht und getan wird, hat seine Wurzel in der preußischen Politik. Michael Stürmer schildert die Veränderung der Bildungslage:

> In der zweiten Hälfte des 19. Jahrhunderts kam es in ganz Deutschland zu einer Bildungsexpansion, die nicht nur das Gefüge der Institutionen von der allgemeinen Volksschule bis zu den Akademien veränderte, neue Einrichtungen hervorbrachte, den Staat zu Forschungsinvestitionen verpflichtete und Inhalt wie

---

[8] Geborene Naumann, der Schwester von Friedrich Naumann.

Umfang der allgemeinen Schulbildung veränderte, sondern auch zu einer Hauptkraft gesellschaftlichen Wandels wurde. Denn wer lesen konnte, erfuhr bald, daß das Leben anderswo leichter war als in der dörflichen Enge auf dem kargen Familienacker.[9]

Diese Zeilen kennzeichnen die Umbruchsituation, die für fast alle Menschen von großer Bedeutung waren, außer bei denen, die ganz weit draußen am Rande der Zivilisation lebten. So ist es kein Wunder, dass die von Philippi in seinen Westerwälder Geschichten geschilderten Formen religiösen Fundamentalismus' auf den Höhenzügen des Westerwaldes zu finden sind. Während ringsum die Bildungsangebote sprießen und den Horizont der breiten Menge erheblich weiten, dauert es hoch oben auf dem Berg länger und man fühlt sich dort verunsichert – gerade von der Welt der Bücher unten im Tal. – Auch die, die von dorthin entsandt wurden, um das Dorf und seine Bildungssituation zu bessern, der Pfarrer und der Lehrer, gehören auf einmal zu den Unsicherheitsfaktoren. Im Hinblick auf die Bewahrung des Väterglaubens bildet sich das Gemeinschaftswesen, das eifersüchtig auch die Prediger aus den eigenen Reihen holt, um jede Fremdbestimmung von der äußeren, intellektuell für sie nicht nachvollziehbaren Bücherwelt auszuschließen. Es entwickelt sich ein auf dem Gefühl aufbauender Fundamentalismus, nach dem die gebildete Welt der herkömmlichen Kultur feindlich gegenüberstehe und man dagegen eine „Wagenburg" (Gilles Kepel) bilden müsse. Dieses Gegenbild entspricht dem, was Friedrich Wilhelm Graf als „harte Religionen" bezeichnet:

Indem sie hohes religiöses Engagement, dichte Vergemeinschaftung, strikt zu beachtende soziale Normen und erhebliche Finanzmittel fordern, erschließen sie den in ihnen vergemeinschafteten Menschen in pluralistischer Unübersichtlichkeit und verängstigender Unsicherheit eine starke stabile Identität, krisen-

---

[9] Michael Stürmer, Das ruhelose Reich, Deutschland 1866-1918, Siedler, Deutsche Geschichte, Berlin, 2004, 133.

senresistente Welt- und Zeitdeutung, geordnete Familienstrukturen und dichte Netzwerke der Solidarität.[10]

Im damals wenig bildungsaffinen Westerwald, in dieser Welt derer, die die Bücherwelt als Bedrohung ansehen, wird Philippi zum Schriftsteller und Büchermacher. Kein Wunder, dass das Bekanntwerden seiner Autorenschaft im Dorf zum Vertrauensverlust und schließlich mit zu seinem Weggang führen wird.

Und was Philippi als Autor zugutekommt, ist ein verändertes Konsumentenverhalten der Leser. Während die „gehobene Literatur" kaum neue Freunde findet, bedarf der Buchmarkt immer mehr trivialen Lesestoffes, um entsprechende steigende Bedürfnisse zu befriedigen.[11]

Philippi weiß, dass er Talent zum Fabulieren hat und so schreibt er mit den Erfahrungen aus seinen Dörfern Westerwälder Geschichten. Unbeschadet dessen, warum die Leser sie gern lasen, sind in ihnen Reflexionen verborgen über Konflikte, die sich im persönlichen Erleben rund um die Dorfgemeinschaft ergeben haben. Wie oben schon angedeutet, lässt sich das an den religiösen Auseinandersetzungen in seinen Geschichten deutlich ablesen, die denen entsprechen, die er später realistischer in seiner Autobiographie benannt hat. Während Philippi als Schriftsteller eine volkspädagogische Absicht verfolgt, werden seine frühen Schriften als Unterhaltungsliteratur verschlungen. Noch 1939 meinte Alfons Paquet in einer freundlichen Erinnerung an Fritz Philippi, dass dessen Literatur an einen sehr aufrichtigen Menschen um die Jahrhundertwende erinnerte.[12] Damit umgeht er die zeitlich bedeutsame Periode des Weltkriegs und der Zwischenkriegszeit mit Philippis Gedichten, Romanen und Theaterstücken und

---

[10] Friedrich Wilhelm Graf, Die Wiederkehr der Götter; Religion in der modernen Kultur, Verlag C.H. Beck, München, 2004, 29.

[11] Vgl. Ruth Conrad, Lexikonpolitik, Die erste Auflage der RGG im Horizont protestantischer Lexikographie. Walter de Gruyter, New York, 2006, Kapitel 1.

[12] Alfons Paquet, Fritz Philippi, Art. Frankfurter Zeitung, 3.1.1939.

legt Philippi allein auf die Westerwälder und Zuchthausgeschichten fest. Mit seinen Geschichten aus der Provinz folgte Philippi – bewusst oder unbewusst - zudem einer Mode, die auch von anderen Autoren bedient wurde, wie Peter Rosegger oder Gerhart Hauptmann. Bücher versetzen ihre Leser in ein ganz anderes Leben, das Bauern, Heimwerker, Strafgefangene oder Arbeiter führen, irgendwo am Rande der Zivilisation. 1902 erscheint „Jörn Uhl" von dem Pfarrer und Autor Gustav Frenssen und wird zum Bestseller der Epoche, ein Roman aus der Dithmarscher Gegend mit viel Lokalkolorit und im Volkston verfasst. Philippi erwähnt Frenssen[13] und wird auch wahrgenommen haben, dass dieser sein Pfarramt niederlegen konnte, weil er sich vom Bücherverkauf hat ernähren können. Arthur Bonus, dessen theologische Arbeiten von Philippi mehrfach rezensiert wurden, war Pfarrer und Schriftsteller, der sich – allerdings nach einer schweren Brandverletzung – aus dem Pfarramt zurückziehen konnte.[14] Ob Philippi ein Leben nur für die Literatur dem Pfarramt vorgezogen hätte, ist nicht bekannt. Während seiner Diezer Zeit bis 1910 wird er einmal das Angebot einer großen Tageszeitung bekommen, „in ihre Schriftleitung einzutreten" und Redakteur zu werden. Philippi war allerdings zu sehr

---

[13] Frenssen gehört zu den Vertretern eines völkisch und antisemitischen Denkens, was mittlerweile auch in Norddeutschland zu Umbenennungen von Straßen führt, die seinen Namen trugen: - „Erst in den 1980er Jahren – 1983 zuerst in Heide (Holstein) – bildeten sich politische Initiativen, die – wie 1986 in Hamburg-Blankenese – eine Umbenennung erreichten. Die Frenssenstraße in Kiel-Pries wurde erst 2011 mit der Begründung umbenannt, Frenssen habe „seine Begabungen wissentlich und willentlich in den Dienst der Nationalsozialisten" gestellt. Die Straße war schon 1920 nach ihm benannt worden. 2014 folgten die Gustav-Frenssen-Straßen in Heide, Brunsbüttel. und Marne; 2015 auch in Meldorf." Wikipedia, „Gustav Frenssen", Art. Abgerufen am 6.1.2017.
[14] Arthur Bonus vertritt früh ein „germanisches Christentum" dessen Verlängerung direkt zur Ideologie der nationalsozialistischen „Deutschen Christen" führt.

mit dem Pfarramt verwoben und fürchtete, dass er den nahen Kontakt zum Menschen vermissen würde – er lehnte ab.[15]

Philippi hat Geschichten aus dem Westerwald bis 1927 neu verlegen lassen oder neu geschrieben, obwohl wir davon ausgehen können, dass die Themen seiner großen Romane ihm weit eher ein Anliegen gewesen sind, als das, was er in seinen Dorf- und Bauerngeschichten unterbringen konnte. Vielleicht ging es ihm ein wenig, wie dem grossen Marburger Jugendstilkünstler, Otto Ubbelohde[16], dem nahezu Altersgenossen von Philippi: Mit seinen Zeichnungen zu den Grimmschen Märchen war er 1909 so berühmt geworden, dass er für diese wunderbaren kleinen Kunstwerke nur noch Hass empfand, weil unter ihnen sein künstlerischer Anspruch als Maler zu verschwinden drohte. „Es müsste nicht immer das

Erfolgszeichnungen von Otto Ubbelohde

blöde Federgekritzel sein. Ziegeldächer, Türmchen, Männeken. Es ist zum Heulen und zum Kotzen."- Im Hinblick auf seinen literarischen Erfolg kommt auch Philippi kaum noch aus den Hütten unter den langen Dächern heraus, auch wenn sein Œvre viel größere Ausmaße angenommen hatte.

---

[15] Karl Weckerling, Fritz Philippi, 1942, aaO., 315.
[16] Otto Ubbelohde war zwei Jahre älter als Philippi (1867-1922) und illustrierte die Märchensammlung der Gebrüder Grimm mit 447 Zeichnungen um 1910.

Philippis Dorfgeschichten wirkten in ihrer Rauheit und Schlichtheit so wirklichkeitsnah, dass mancher Leser sie für Reportagen aus dem ländlichen Nassau gehalten hat. Karl Weckerling, der ehemalige Nachbarpfarrer im Westerwald, Freund, Vertraute und Zeichner der Buchillustrationen und Einbände weist darauf hin, dass diese Geschichten Kopfgeburten sind, erfundene Literatur – und nicht Reportagen. Allerdings: Aus Philippis Autobiographien erfahren wir, dass seine Erzählungen sehr wohl Anleihen nahmen an Vorgängen des realen Landlebens. Neben den Westerwälder Geschichten hat Philippi bald auch Gedichte, Dramen und Romane und die beiden autobiographischen Erzählungen geschrieben. Karl Weckerling hat eine Zahl von Briefen von Fritz Philippi dem Hessischen Hauptstaatsarchiv in Wiesbaden anvertraut. Die Briefe geben uns Einblick in die Zusammenarbeit der beiden Freunde. Philippi bezeichnet oft in

„Lieber Weck! Ich muß Dich endlich einmal liebkosend (auf Wäller Art) berühren, und wissen, wie weit Du mit den Bilderchen bist. Laß mich endlich etwas sehen und mach Dich zu mannhaften Entbehrungen auf. Wie geht's bei Euch? Hier geht's lila, meiner alten Mutter schlecht. Herzliche Grüße, Ph. Diez, 6.5.(190)7"

Postkarte von Philippi an Weckerling wegen Buchillustrationen. Die Liebkosungen auf Wäller Art sind vermutlich nichts Nettes...

groben und manchmal verletzenden Worten Weckerling als Faulpelz, der an seinen Zeichnungen nicht flott genug arbeite. Diese Briefe lassen Philippi als gedrängt, fast gehetzt erscheinen, von der publizistischen Aufgabe völlig eingenommen. Obwohl der nachfolgende Brief aus der Zeit stammt, als Philippi bereits in Diez lebte, gibt er doch eindrucksvoll eine Kostprobe von dem Verhältnis dieser beiden Freunde, die sich aus der gemeinsamen Zeit im Westerwald kennen – und der Bedeutung, die die Literaturproduktion bei Philippi einnahm:

Karl Weckerling, Bauer mit Pflug,
Entwurfskizze für ein Buch
(Bleistiftzeichnung).

Privatbrief Fritz Philippi, Diez, an Karl Weckerling, Nenderoth

Alter Esel,
daß du so schwer von Begriff bist, hätte ich nicht gedacht, das Buch kommt bei Salziger[17], der sich nach dem rüstig von dir angemerkten Sprichwort mit mir vertrug, nachdem er wütend war,

---

[17] Eugen Salzer ist Verleger in Heilbronn, z.B. von „Von der Erde und vom Menschen", das 1907 erscheinen wird.

daß er meinen Zuchthausroman[18] nicht erhielt. Er will, daß du zeichnest; es wundert mich, daß er noch nicht selber schrieb. Die Bilder eher so wie bei den langen Dächern,[19] der Deckel, eine wilde Heidelandschaft. Könntest Du da einen Kerl zeichnen mit einem Pflug, wär fein.[20]

Jedes Kapitel im Landwolf eine Leiste[21], am Schluß Blümercher. Und fürs Borntier und die neue Skizze, die du alsbald erhältst, eine Kopfleiste. Für den Landwolf Motiv im Rabenscheider Raum, das weißt du ja; stell dich nicht dümmer, als Du ohnehin bist. Und sei nicht so faul und mach Dich dahinter. Von Salz. kannst Du getrost mehr fordern (15 M pro Leiste?). Er muß! Oder Dich aushalten, bei wiederholten Auflagen noch einen Krach zu haben.

Salz ist klein wie Salz, nachdem ich grob geworden. – Käme gar gern einmal zu Euch, aber wie soll ichs fertig bringen? Eben jeden Tag Korrektur, viel im Zuchthaus, Krankenbesuche im Kirchspiel, Umbau des Küsterhauses, Konferenzarbeit bis 1. Oktober. Rezension für Christliche Welt, Weihnachtsgeschichte für Rade. Vorbereitung zweier Vorträge in Koblenz und Bonn. Vortrag im Ev. Bund Diez. Anbei meine druckfrischen Läuse im Pelz, deren nicht wenige sind... Wird Dir nicht blümerant vom Lesen?

Ich will zum 8. Oktober nach Marburg, Ferienkurs (?) aufmachen. Da kann ich die Woche darauf unmöglich zu Opens (?) Geburtstag in M's Kränzchen, weil ich sonst andauernd die Zuchthauskonferenz am Dienstag schwänzte.

---

[18] Philippi bereitet das 1910 erscheinende „Auf der Insel, Zuchthausgeschichten" vor.
[19] Wie für das Buch „Unter den langen Dächern".
[20] Die neue Auflage „Auf der Hohen Heide" von 1921 hat einen umgrabenden Bauer auf dem Titel.
[21] Kopfleiste.

Borntier als Leiste ein charaktervoller Dorfbrunnen. Es tut mir Leid, daß es Deiner zartherzigen Ehegattin nicht besser geht, schicke sie einmal in die Altweibermühle. Machs mit meiner nächstens ebenso.

Bei Steinh. hast Du einen unverdient dicken Stein im Brett, hast Dich jedenfalls schändlich verstellt; habe aber gesorgt, daß Dein wahres Konterfei zum Zug kam. Hast du mit St. täglich moderne Theologie geackert?

Ein unkender alter Laienbruder. Auf dem Rückweg habe ich Böcklin[22] genossen in der Schenkgallerie in der Sagasse teils mit Freude, teils mit Erheiterung besucht. Nur gefallen mir meine Bilderchen[23] an der Wand jetzt gar nicht mehr. ...

Schluß! Jetzt kommt der christl. Begriff der Strafe. Dann der staatliche und dann das beiderseitige Verhältnis im Strafvollzug, dessen Straftat eine Bestialität, das Zuchthaus ist.
Grüezin!
Dein Ph.

Auch wenn es nicht um die Einsatzfreude von Karl Weckerling fürs Zeichnen ging, zeigt sich Philippi als streitbarer Pfarrer, der sich auch mit den Verlagen bzw. den Verlegern anlegt und auch seinem Freund nichts durchgehen lässt. Die Aufzählung der Dienstpflichten zeigt, dass der berufliche Druck nicht unerheblich war, besonders, weil Philippi auch noch zahlreiche andere Interessen hatte. Ein leiser Stolz auf das, was wir heute einen workoholic nennen, scheint aus dem Brief herauszublitzen. Wenn man die Briefe auf den Charakter von Philippi hin befragt, dann steht uns ein durchaus autoritärer Mann vor Augen, der nach eigenem Dafürhalten Recht zu haben pflegt. Philippi hat an

---

[22] Arnold Böcklin (1827-1901), schweizerischer Maler, Zeichner, Graphiker und Bildhauer des Symbolismus.
[23] Philippi hat selbst gemalt – offenbar für den Eigengebrauch.

einigen literarischen Stellen zu erkennen gegeben, dass er diese mächtige Eigenschaft selbst kannte – ohne sie überwinden zu können.

Und er hat auch gewusst, dass seine Frau Elisabeth unter dieser Autorität litt. Das beweist auch der Verweis auf die „Altweibermühle": Im Volksmund werden dorthin ältliche Fräulein gebracht, die dann als jugendfrische Mädchen heraus kommen. - Philippi lebte in einer Zeit, die stürmisch in die Moderne drang, aber er war offensichtlich ein noch nicht ganz moderner Mann, dessen Umgangsformen noch gut in die väterliche Schlosserei gepasst haben. Im Spätwerk thematisiert Philippi – bei vier Töchtern – die Frage, ob Frauen nicht höhere Bildungsangebote geboten werden sollen. Ein Ausweg für Frauen, der Autorität des Mannes zu entrinnen.

Mitte der zwanziger Jahre, wird Philippi Einblick in sein wirkliches Leben geben. Der erste Band dieser beiden Autobiographien[24] erzählt die Geschichte des jugendlichen Pfarrers – er nennt sich selbst hier „Matthias Hirsekorn" - in seiner ersten Gemeinde Breitscheid, im hohen Westerwald, der zweite Band von seinem Engagement für eine Strafreform im Hinblick auf das Zuchthaus im Diezer Landgrafenschloss, das von Philippis Pfarrstelle an „St. Peter" mitzuversorgen war. Die beiden Lebensabschnitte werden auch später noch Einfluss auf sein schriftstellerisches Œvre nehmen. Philippi schrieb den ersten Teil seiner Lebensbeschreibung im Wiesbadener Pfarrhaus, An der Ringkirche 3. Er hatte den in vielen Erzählungen als Tarnkappe aufgesetzten Namen „Mathias Hirsekorn" bereits für den Titel eingeschrieben. „Vom Pfarrer Mathias Hirsekorn und seinen Leuten"(1923). Der Band entführt seine Leser in das kleine Dorf Wildendorn, hinter dessen Namen sich sein erster Pfarrort Breitscheid verbarg. Auch wenn seine Eheliebste seine zahlreichen Erzählungen aus dem Dorf als „Lügengeschichten" zieh, erkannten die Menschen dort wesentliche Züge ihres Charakters und ihres dörflichen Lebens und waren ihm anfangs dafür auch tüchtig böse, sich so ins „Buch geho-

---

[24] F.PH., Vom Pfarrer Hirsekorn und seinen Leuten, Verlag J. J. Weber, Leipzig, 1923. Neuauflage, Verlag Albrecht Thielmann,2013.

ben" zu sehen. Dann war da jener Schneesturm, der über den hohen Westerwald hinfegte und ihn samt seinem Hund Zottelohr bedrohte. Dieser Sturm nahm ihm zwar nicht das Leben, aber alle Illusionen, dass er mit seiner Persönlichkeit, mit seinem erlernten Wissen und seinen Fähigkeiten etwas Besonderes sei: „Ja, selbst der Baum, der mir im eisigen Gewoge Stütze war, hatte mehr zweifelsfreie Identität als ich."[25]

So wurde ihm der Schritt zurück ins Tal leichter: Als er hörte, dass die Pfarrstelle seiner alten Vikariatsgemeinde St. Peter in Diez frei würde, in deren Dörfern er bereits zwei Jahre lang tätig gewesen war, zog er zum 1.12.1904 mit Frau und drei Töchtern ins dortige Pfarrhaus. Er verfasste über diese fünf weiteren Jahre seines Berufslebens später die zweite Autobiographie, „Mathias Hirsekorn und seine Zuchthausbrüder"[26].

Ab 1904 nähert er sich einer neuen poetischen Form, dem Theaterstück. In diesem Jahr erscheint in der Christlichen Welt das Pfarrerdrama „Der Wahrheitsnarr", 1905 dann die Dramatische Dichtung „Jeremia". Weitere Bühnenstücke werden folgen. Eng an seine Erfahrungen im Diezer Zuchthaus in der landgräflichen Burg, das er zu seiner Dorfpfarrstelle als Seelsorger zu betreuen hat, angelehnt ist der Roman „Adam Notmann" (1906). Später folgen dazu Zuchthausgeschichten „Auf der Insel" (1910), das Sachbuch „Strafvollzug und Verbrecher" (1912) und vor allem einer seiner packendsten Romane, „Wendelin Wolf" (1916), in dem Philippi deutlich macht, dass die Gegenwart des Strafvollzuges die Betroffenen unweigerlich in den Untergang oder in erneute Kriminalität führt. –
Seit 1901 widmete sich Philippi auch dem Verfassen und Veröffentlichen von Gedichten, damals war „Aus der Stille" entstanden, seine erste Gedichtsammlung. Jetzt in der Diezer Zeit, im mit fünf Veröf-

---

[25] Vgl. Vom Pfarrer etc. aaO , 55ff.
[26] Pfarrer Hirsekorns Zuchthausbrüder. Eine menschliche Geschichte. (1925) Verlag J.J.Weber, 1937. Neuauflage Verlag Albrecht Thielmann, 2015.

fentlichungen sehr produktiven Jahr 1906, legt er seinen zweiten Lyrikband „Menschenlied" vor.

In der Christlichen Welt erscheint 1906 ein Zyklus von vier Gedichten, die **„Lieder des Predigers"**:[27]

1. Gott, was schaffe ich dir?

Am Wegrand saß auf einem Stein
Ein Taglöhner, schlug zwischen sein Bein
Mit dem Hammer, daß die Funken stoben;
Hat sich beim Abendgeläut erhoben,
fuhr in sein Wams und sah zurück...
Ich neidete ihn um diesen Blick!

Gott, was schaffe ich dir?
Zeig, was ich schaffe, daß ich es sehe,
was durch den Pfarrer für dich geschehe.
Jahrelang schwing ich die Saaten aufs Land,
laß mich schauen der Saaten Stand!
Darf der Ärmste sich wärmen am Herde,
nach des Tagewerks Beschwerde
wissend, was er am Tag gemacht? ...
Gott, was hat der Pfarrer vollbracht?!

Fragst du mich heut: Was ist die Frucht,
die der Herr am Menschen sucht,
dem er den Himmel zum Atmen gegeben,
Kraft zum Graben und Brot zum Leben, ...
Wenn du mich fragst?
Sag, warum dann der Pfarrer spricht:
„Ich weiß es nicht!"?

---

[27] Die Christliche Welt, Nr. 11, 15. März 1906, Sp. 251f.

2.   Du aber sprichst

Menschlein, mein Wort ist meine Tat,
des Lebens oder Todes Saat! ...
Du machtest eine Predigt daraus?
Die Glocken rufens ins Land hinaus.

Mit Gesangbuch in die Kirchenbank
Rückt der Jammer rot, der Jammer krank.
Sie lauschen, was das Wort verspricht:
„Ist ein Gott im Himmel, oder nicht?" –

Ihr Sang tönt auf ... Sie rufen dich!
Pfarrer, mein Wort zu ihnen sprich!
Sie beten: „Brich uns das liebe Brot!" –
An der Schwelle draußen lehnt der Tod.

Du steigst die hohe Treppe hinauf;
Stehst oben und sagst deine Predigt auf?
Mit Thema und Teilen nach der Reih?
Und meinest, daß mein Wort es sei?

Mein Wort bin Ich! Des Volkes Rund,
Mich will es hören aus deinem Mund!
Gott!
Ich sitze auf der Bank vor dir,
Gott!
Und mach dich in deiner Predigt irr!

3.   Aber, sie glauben mir nicht

Und ruf ich: „Gott! Gott!" – Sie schweigen
„Du Menschlein, heilig sein sollst du!"
Kein Wimpernzucken im ganzen Haus.
Nach dem Amen ist die Predigt aus.

Sie wandeln über die Kirchenschwell.
Es grinst der Tod. Sie lachen hell.
Die Alten schwatzen im Biederton:
„Lob sei dem Vater, Geist und Sohn!
Der Pfarrer hat eine gute Brust."-
Die Linden schüttelt der Tod vor Lust. --

Sie glauben mir nicht! Ich stehe allein.
Gebt Antwort, Menschen! Und sagtet ihr: nein!

4. Es ist genug

Dann aber sprach zu mir Gott übers Feld.
Im Spätjahr wars, und auf der Heide lag
Es gram und schwer, war blind und stumm.
Schneeluft strich ab von dunkler Bergeswand
Und fingert träumend in der jungen Saat.

    „Bei wem sind diese Saaten aufgehoben?
    Wer weckt den Keimling im Gehäus?
    Und wenn der Tod die Saat nun überschneit,
    wenn in dein Erdgesicht dann aus dem Grab,
    was starb, die kahlen Äste streckt...
    Bei wem sind diese Saaten aufgehoben?
    Es ist genug, daß Gott dich will gebrauchen,
    mit seinem Odem Menschen anzuhauchen."

Der Zyklus schlägt den Bogen von dem Pfarrer, der im Zweifel ist, ob sein Tun – und damit auch sein Glauben und sein Bekenntnis – Frucht bringen in einer Welt, die diesen Inhalten reserviert bleibt, über die Haltung Gottes, die sich im kirchlichen Amt niederschlägt bis hin zur Gotteserfahrung in der Natur. Philippi stellt hier ein sehr typisches Werk vor: Die lyrische Grundidee ist eine für ihn persönlich durchaus ernste, allerdings tritt er nicht in einen Dialog mit dem Leser ein, sondern bleibt – in diesem Fall – bei der Trias Pfarrer – Gott – Gemeinde. Dieses spannungsvolle Verhältnis, in dem sich der Pfarrer um geistliche Tiefe und Trost für die Menschen müht, der Gottesdienstbesucher aber nur die laute Stimme des Predigers zu rühmen weiß, bleibt ungelöst. In der Natureinsamkeit bekommt dann das lyrische Ich – das nicht weit vom Verfasser entfernt zu sein scheint – eine Theophanie durch Betrachtung der bedrohten Natur, die von ihrem Schöpfer dennoch erhalten wird. Die Natur ähnelt der Hohen Heide im Westerwald und die Lösung stellt sich dahingehend ein, dass der Gott, der die Natur erhält der Auftraggeber des Predigers ist, der die Frucht ihm, Gott, anheimstellen soll. –

Auch im Hinblick auf die formale Unentschiedenheit ist der Zyklus typisch: Die ersten Gedichte – um Lieder handelt es sich wie häufig bei Philippi nicht, obwohl sie so heißen – bemüht sich noch um Endreime, aber das tritt immer weiter zurück. Der Sprachrhythmus ist von vorn bis hinten zufällig und kann interpretiert werden als urige Frische, aber – wozu wir tendieren – als unfertiges Material, das der Dichter nicht weiter bearbeiten wollte, bevor er es in Druck gab.

Trotz der offensichtlichen formalen Mängel fand Philippi Freunde für seine Gedichte, wie der folgende Lexikonartikel zeigt. In der Erstausgabe des bis heute in seiner neuesten Ausgabe richtungsweisenden theologischen Lexikons „Religion in Geschichte und Gegenwart"[28] wird Fritz Philippi als Dichter gerühmt:

> **(Philippi), 2. Fritz,** geb. 1869, seit 1910 evg. Pfarrer in Wiesbaden, vorher Gefängnisgeistlicher in Diez a.d. Lahn, unter den religiösen Dichtern der Gegenwart der Besten einer (Literaturgeschichte: III, D 9 Religiöse Dichtung usw., A 4; C). Seiner Lyrik („Lieder aus der Stille" 1901, vor allem aber „Menschenlied" 1905) gebührt vielleicht sogar der erste Platz. Hier hat ein starkes inneres Erleben einen ganz eigenen, jede Dichterphrase verschmähenden und

---

[28] Michael Schiele, Leopold Zscharnack, Religion in Geschichte und Gegenwart, J.C.B. Mohr, Paul Siebeck, Tübingen, 1909-1913.

doch keineswegs gesucht originellen, sondern dem Inhalt durchaus gemäßen, schlicht-grossen Ausdruck gefunden. Die Schwere
der Fragen, mit denen der Dichter ringt, und die feine Geistigkeit
seiner Erlebnisse schließen den Zwang regelmäßiger Metren und
Strophen aus; meist bewegt sich der Dichter daher in freien
Rhythmen. Sein Drama „Jeremia" (1904) bietet eine psycho-
logisch-feine Analyse der Prophetenseele in lebendigen Szenen
und wuchtiger Sprache. Seine Prosa bewegt sich teils auf dem
Boden der Heimatkunst (Hasselbach und Wildendorn, 1902;
Unter den langen Dächern, 1905; Westerwälder Volkserzäh-
lungen, 1906; Von der Erde und vom Menschen, 1907); zum
andern Teil ist sie aus den Erfahrungen erwachsen, die er als
Gefängnispfarrer gesammelt hat (Adam Notmann, 1906; Auf der
Insel, 1910; Vom Weibe bist du, 1911; Im Netz, 1912). *Otto
Frommel: Das Religiöse in der modernen Lyrik, 1911.* **Karl Auer**

Wenn der Nachruhm ein Gradmesser für die lyrische Qualität ist, folgt
dieser einer kritischeren Bewertung. Bereits nach dem ersten Weltkrieg
endet die Zeit der lyrischen Produktion und die Dichtungen Philippis
verschwinden aus den Anthologien und lexikalischen Beiträgen. Wir
werden seine Kriegslieder und die im gleichen Lyrikband veröffentlichten Gedichte unten betrachten.

In seiner inneren Erschütterung im Hinblick auf den geringen Erfolg
seiner Mühen um eine Verbesserung der Lebenssituation der Diezer
Strafgefangenen, erreichte ihn das Angebot, als Pfarrer in seine Vaterstadt in Rheinnähe überzusiedeln: „Ich dachte zuerst an die alte Mutter,
die mit unheilbarem Siechtum behaftet, trüben Auges nach der letzten
Tür schaute." [29] Hier schreibt wohl das schlechte Gewissen des Sohnes
mit. Während der schweren Krebserkrankung der Mutter hat sich
Philippi nicht nach Wiesbaden beworben. Erst fast ein Jahr nach ihrem
Tod.

---

[29] Ihm wurde die zweite Pfarrstelle an der Ringkirche angeboten. Karl
Weckerling, Fritz Philippi, 315; Zentralarchiv der EKHN 9393 / 254.

Nach dem gewaltigen Hochwasser, bei dem Aar und Lahn im Jahr 1909 an der Tür seines Pfarrhauses anklopften, sah er seine Bemühungen um eine Reform des Strafvollzuges moralisch zwar gerechtfertigt, politisch aber als gescheitert an, weil eine Gesellschaft, die entschlossen ist, Strafentlassenen keine Chance zu geben, durch einen Landpfarrer nicht reformiert werden kann: „Jede Strafe ist lebenslänglich."[30] Wer kann schon gegen die stärkste Weltmacht aufkommen, „den allgemeinen Traumschlaf, Stumpfsinn genannt"?[31]

Die Bewerbung schreibt Philippi in Diez, am 26. August 1909. Da war seine Mutter schon länger tot, die 1908 ihrer Erkrankung erlegen ist. Vermutlich hat er sich zuvor solche Gedanken gemacht, die er in seiner Biographie ausdrückt:

„Wann kommst du zu uns?" Das war durch alle Jahre ihre ständige Frage gewesen. Wenn ich jetzt zu ihr treten und ankündigte: „Ich komme bald!", dann würde sie mit dem Greisenkopf nicken. „Bald müsste es sein, sonst erlebe ich's nicht mehr."[32] Schließlich schrieb ich mein Meldegesuch um die Großstadtstelle nebenbei, um die Frist nicht zu versäumen und meinte, mich immer noch endgültig entscheiden zu können, wenn es ernst würde."[33] - „Ich empfing die Nachricht von meiner Berufung und atmete auf."[34]

Am 8. Dezember 1909 schrieb Philippi der Ringkirchengemeinde, dass

---

[30] Zuchthausbrüder, aaO., 150.

[31] Zuchthausbrüder, aaO. 146.

[32] Vgl. Zuchthausbrüder aaO., 152.

[33] Zuchthausbrüder aaO., 153. Die Bewerbung von Philippi am 26. August 1909, vgl. Zentralarchiv der EKHN 9393 / 254. „An den Dekan Bickel! Der unterzeichnete Pfarrer Fritz Philippi, geboren 1869 zu Wiesbaden, im 15. Dienstjahre als evangelischer Geistlicher, bewirbt sich hiermit um die II. Pfarrstelle an der Ringkirchengemeinde."

[34] Philippi wird von der Wahlkommission einstimmig gewählt und nimmt am 8. Dezember 1909 schriftlich die Wahl an. (Zentralarchiv der EKHN 9393 / 254).

Philippi vermutlich in seinem Diezer Arbeitszimmer vor 1910 mit Tintenfeder und Tintenfass. Mit Dank an die Familie Philippi.

er seine Wahl annehme.[35] Er beschreibt den Wechsel, dass er „wieder zum Wanderstab gegriffen" habe. Er erinnert sich: „Die einzige, der meine Versetzung eine ungetrübte große Freude gewesen wäre, durfte den Tag meines Umzugs nicht mehr erleben. Das Lebenslichtlein meiner alten Mutter verflackerte schnell. Als ich von ihrem Begräbnis zurückkehrte ins Peterspfarrhaus, war ich ein Mann, dem endgültig die Kindheit gestorben war."[36] –

> Uns rumpelte der Möbelwagen vor das Haus und stand offen wie ein großer Sarg. Was ist das für einer, der von dannen geht und sich doch überallhin mitnehmen muss? Mensch gewordenes Leben in Wandel und Widerspruch.[37]

Philippi wechselt nach fünf Jahren in Diez zurück in seine Heimatstadt Wiesbaden.

---

[35] Zentralarchiv der EKHN 9393-254, Philippi war von der Wahlkommission aus 26 Personen einstimmig gewählt worden.
[36] Vgl. Zuchthausbrüder, aaO. 162. Mutter Philippi verstarb an einer Krebserkrankung, wie später ihr Sohn.
[37] Vgl. Zuchthausbrüder, aaO. 164.

III. Pfarrer an der Ringkirche in seiner Heimatstadt Wiesbaden

Den größten Teil seines Lebens wird Philippi in seiner Heimatstadt Wiesbaden zubringen. Der erste Band von Philippis Autobiographie aus der Zeit im Westerwald wird von der „schrankenlosen Wahrhaftigkeit der Heide"[38] zeugen, die ihn eine neue Ehrfurcht lehrte. Seine Diezer Zeit hatte ihn an die Geringsten seiner Brüder verwiesen, an einen Christus, der nicht lieblich und erbaulich ist. Der Umgang mit dem weggeschlossenen Schatten der Gesellschaft nährte seinen Zweifel, ob ihm der Schattenriss Jesu Christi, den er bei Andachten und Gottesdiensten an die Wand warf, nicht zu sanft und versöhnlich sei, weil er den Bedürfnissen seiner Zuhörer gerecht werden wollte. Er befürchtete, dass er die Grausamkeit, die in der Geschichte Jesu der Welt den Spiegel vorhält, unterschlagen habe.

Er habe den um das menschliche Leben kämpfenden Christus verschwiegen, weil sein Kampf um den Preis geschah, dass er zum Selbstzerstörer werden musste; der nach dem Markusevangelium mit dem Schrei der Verdammten von der Welt fuhr: „Mein Gott, mein Gott, warum hast du mich verlassen?"[39] Philippis Bild von Jesus Christus ist eng verbunden mit seinem Amtsverständnis als Pfarrer: „Auch als Pfarrer bin ich ein Menschensucher und, was ich unter diesen zweibeinigen seltsamsten Herrgottsgewächsen erlebte, habe ich in meine Botanisiertrommel, d.h. ins Buch gesteckt. Mein Amt ist der Mensch."[40]

Wer als Pfarrer auf der Suche nach dem Menschen sei, der werde am Ende Jesus Christus begegnen, der nicht als Gott in den Himmel ge-

---

[38] Vom Pfarrer Mathias Hirsekorn und seinen Leuten, 2013, 47.
[39] Vgl. Pfarrer Hirsekorns Zuchthausbrüder, 1937, 156.
[40] F.Ph. in o.g. Beitrag im Wiesbadener Tagblatt.

hört, sondern den Menschen verkörpert, wie Gott ihn haben will.[41]

Philippi ist vielleicht nicht typisch für alle Menschen seiner Zeit, aber mit seinen zahlreichen Veröffentlichungen leuchtet er die Zeit um den Ersten Weltkrieg mit ihren Krisen, Unsicherheiten und Lösungsversuchen aus. Sein Pfarrer- und Erdenleben wie es in seinen literarischen und journalistischen Arbeiten zum Ausdruck kommt, spiegelt wie Weniges seine Zeit und Epoche. Wer ist das, der da wieder heimkehrt in die Stadt seiner Herkunft?

Das Leben in der mondänen Weltkurstadt Wiesbaden im kleinen Ländchen Nassau vor dem Ersten Weltkrieg war etwas Besonderes. Und ein wenig zehrt die heutige hessische Landeshauptstadt noch von diesem alten Glanz. In einem altertümlichen und etwas heruntergekommenen Provinzstädtchen betrieb Preußen ein mondänes Kurbad, das viele Prominente Europas anzog.

Philippi kehrt hierher zurück, als einer, der in dem gerade erst preussisch gewordenen Wiesbaden geboren und in die Schule gegangen war. Er wird dann für kurze Zeit einer der prominenteren Söhne dieser Stadt.

Von seinen Wiesbadener Jahren müssen die vier Jahre abgezogen werden, die er kriegsbedingt frontnah in Frankreich stationiert wird.[42] In dieser Zeit weilte er nur für wenige Wochen Fronturlaub in Wiesbaden. Und von den Jahren im Pfarrhaus müssen die Jahre nach 1926 abgezogen werden, in dem er auf eigenen Wunsch hin in die Alwinenstraße zog, wo seine Tochter, Hanna Kussmaul-Philippi, mit ihrem Ehemann wohnte. Dekan Veesenmeyer vermutete, dass Philippi den spezifischen Lasten des Lebens im Pfarrhaus zu entkommen su-

---

[41] Vgl. Werner Becher (Hrg.): Karl Veidt, Paulskirchenpfarrer und Reichstagsabgeordneter. Darmstadt und Kassel, 2006, 97.
[42] Philippi wird meist im Raum Arras von 1915 bis 1918 als Feldgeistlicher dienen.

che, um mehr Muße für sein literarisches Schaffen zu haben.[43] Nach dem Jahr 1926 wird Philippi allerdings nicht mehr viel schreiben.[44] -

Seit 1888 hatte er nicht mehr für längere Zeit in seiner Heimatstadt gelebt, außer während seines Militärdienstes als „Einjähriger" in Uniform. Von Oktober 1893 bis Oktober 1894 stand er hier unter der preußischen Fahne. In seinen sieben Westerwälder Jahren hatte sich das Ortsbild von Breitscheid nur wenig verändert. Wo sich die moderne Zeit in Form der Industrialisierung herangeschlichen hatte, begann sie, das Leben des alten Dorfes zu zerstören.[45] Die Auseinandersetzung mit diesem Zerstörungswerk hatte ihm den Abschied vom Westerwald leichter gemacht.[46] In Diez hatte er mit dem mächtigsten Pulsgeber seiner Epoche, der Eisenbahn, zu kämpfen, deren Trasse zwar die Entfernungen der Welt verkleinerte, die aber zugleich das Land zerschnitt und deren Bahnübergänge lebensgefährlich waren.[47] - Doch wie sehr hatte sich erst seine Heimatstadt Wiesbaden gewandelt! Bei seinem Abschied war es noch das oben geschilderte überschaubare Landstädtchen, nun präsentierte es sich als moderne Stadt, die die Natur in ihren Mauern gezähmt hatte und mit Asphalt und reich dekorierten Fassaden auf ihren Wohlstand aufmerksam

---

[43] Im November 1926 stellt Philippi den Antrag, zu seiner Tochter in die Alwinenstraße ziehen zu dürfen, da nach dem Auszug der Töchter das Pfarrhaus zu groß sei und seiner Frau zu viel Arbeit mache. Trotz Bedenken des Dekans Veesenmeyer wird dem Antrag stattgegeben, wenn Philippi eine tägliche Sprechstunde in Räumen der Ringkirchengemeinde zusichert. (Zentralarchiv der EKHN)

[44] Allerdings noch einige längere Erzählungen in der Zeitungsbeilage Alt-Nassau.

[45] Vgl. Karl Weckerling, Fritz Philippi, 1869 bis 1933, in Nassauische Lebensbilder, 311. Vgl. F.Ph., Weiße Erde.

[46] Das Ringen eines Pfarrers zwischen Dorf und dem beginnenden Kapitalismus schildert Philippi in dem Roman „Weisse Erde" (1913), den er überarbeitet und 1922 unter dem Titel „Erdrecht" neu herausgibt.

[47] Karl Weckerling, aaO., 313. Philippi, Zuchthausbrüder a.a.O. 45ff.

machte. Im mitunter krassen Gegensatz standen dazu die oft kleinen verwahrlosten Stadthäuser alter Art, die es im Stadtbild von damals auch noch gab und die dem sozialen Abstieg preisgegeben waren, der seine Spuren hinterließ.

> **Veränderungen und Mobilität im Beruf und die Abwanderung in die Städte zerstören Familienbindungen und traditionelle Werte – Lasterhaftigkeit, Kriminalität, Prostitution und Pornographie werden völlig zu Recht mit der modernen Stadt in Verbindung gebracht.**

So beschreibt der lutherische Theologe, Robert P. Ericksen[48] einen der Stressfaktoren dieses Zeitalters. Die Mobilität ist dabei ein gewichtiger Faktor:

Die von früher her vertrauten drei Bahnhöfe waren abgeschafft und der Taunusbahnhof am Ende der Wilhelmstraße wurde im Jahr von Philippis Heimkehr gerade abgerissen, während einige hundert Meter außerhalb der alten Stadt ein gewaltiger Hauptbahnhof die Menschenmassen in der Weltkurstadt empfing.

Auf den Straßenpflastern rollten immer noch Pferdefuhrwerke und Droschken, aber da und dort traten Fahrradfahrer ins Pedal, erste Motorräder knatterten dazwischen und die Automobile der Reichen und Erfolgreichen schwappten mehr oder weniger würdevoll über die Katzenköpfe. Der Stadt „hat das Auto seinen Stempel aufgedrückt. Eine grunzende Herde von Ungetümen rast sich durch die Straßen und hat hinten sein bläuliches Teufelsschwänzchen."[49] - Auch beim Gütertransport hatten die Pferde Konkurrenz bekommen: Schon bewegten erste motorgetriebene Lastwagen die Güter laut und qual-

---

[48] Robert P. Ericksen, Theologen unter Hitler, Das Bündnis zwischen evangelischer Dogmatik und Nationalsozialismus, Carl Hanser Verlag, München, Wien, 1986, 8.
[49] Fritz Philippi: Vom Weibe bist du. Zürich, 1922, 35. An dieser Stelle geht es um das „neue Berlin".

mend durch die Straßen, ihre hölzernen Räder hupften klappernd über die Pflastersteine und ließen das Porzellan in den Schränken erklirren."[50] Die vornehmen Wohnungen in den Häusern an den grossen Straßen, über deren Pflaster noch vor wenigen Jahren gemütlich und still Mütter und Zofen mit ihren Kinderwagen promeniert waren, wurden zu übelriechenden und lauten Quartieren, in denen sich mancher Bewohner nicht mehr wohlfühlte. Auch die gute alte Pferdebahn und die etwas weniger angenehme Dampfbahn, die früher durch Wiesbaden krochen, waren durch moderne elektrische Strassenbahnen ersetzt. Die Linie 4 verband das Pfarrhaus an der Ringkirche komfortabel mit dem Hauptbahnhof mit etwas Quietschen und Klappern, aber dafür, ohne Pferdeäpfel oder Qualmwolken zu hinterlassen.

Auch die moderne Ringkirche war wenige Jahre später davon betroffen, dass der Straßenverkehr das Leben bestimmte. Das Königliche Hochbauamt schrieb am 28. August 1914: „Die Auswechslung der beiden Kandelaber am Westeingang der Kirche ist zu befürworten. Die jetzigen kleinen Kandelaber sind mit stehenden Glühstrümpfen versehen, die den Erschütterungen des Straßenverkehrs nicht standhalten. Die neuen Kandelaber sollen, wie der am Ringstraßeneingang, mit hängendem Glühlicht versehen werden."[51] Immer wieder hatten die Lastkraftwagen mit ihrem Rädern das Pflaster zum Erzittern gebracht, bis die Glühstrümpfe umkippten und die Laterne in undurchdringliche Finsternis fiel.

---

[50] Erst 1913 wurde den Lastkraftwagen die Gummibereifung zur Pflicht gemacht, dafür nahm die Zahl rasch zu, weil das Militär den Kauf der Transportfahrzeuge subventionierte – um sie später zum Truppentransport requirieren zu können.
[51] Archiv der Ringkirchengemeinde, 1909-4, Bauerhaltung 1914-16, Schreiben des Königlichen Hochbauamts G.Nr.1098 vom 28. August 1914.

Die Ringkirche mit menschenleerer Rheinstraße. Nach einem Lichtdruck aus „Ausgeführte Bauten" von Johannes Otzen, ca. 1895. Mit freundlicher Genehmigung des Stadtarchivs Wiesbaden.

Philippis eigener Wirkungsort, die Ringkirche, und neben ihr das noch jüngere Pfarrhaus aus dem Jahr 1898, entsprachen genau dem Bild des neuen Wiesbaden. Sein Vater hatte als Schlossermeister noch den Baubeginn der Ringkirche erlebt und nach dessen Tod, 1891, gehörte die Schlosserei Philippi unter der Leitung seines ältesten Bruders[52] zu den Gewerken, die mithalfen, bis 1894 das große Bauwerk zu errichten und auszustatten. Seit 1890 war der Monumentalbau in Planung, weil die zweite evangelische Kirche des Städtchens, die Bergkirche, den wachsenden Platzbedarf der immer größeren Zahl neuer evangelischer Bürgerinnen und Bürger nicht gerecht wurde. Dazu hatte der spätere Dekan und Freimaurer Emil Veesenmeyer das Bauprogramm aufgestellt, das als „Wiesbadener Programm" den evangelischen Kirchbau revolutionieren wird. Als Architekt wurde Johannes Otzen

Das Pfarrhaus um 1920? Auf dem Balkon links, 2. Stock steht vermutlich Fritz Philippi. Mit freundlicher Genehmigung des Stadtarchivs Wiesbaden.

---

[52] Karl Weckerling, aaO.,305.

gewonnen, der schon die Bergkirche gebaut hatte. Von den mittelalter-
lichen Kirchlein im Nassauer Land zur modernsten Kirche der evangelischen Christenheit war für den Pfarrer Philippi sicherlich ein großer
Schritt.

Eine gewaltig brausende romantische Orgel, ein Chor, in dem wohl
mehr Menschen sangen, wie seine erste Gemeinde Mitglieder hatte,
eine ungewöhnliche Anordnung von Sitzbänken im Halbrund um den
zentralen Altar und ein Kirchenraum, der seiner lauten Tenorstimme
gerecht wurde: Er konnte jederzeit im Fortissimo predigen, ohne dass
sich jemand akustisch bedrängt gefühlt hätte. - Im Vergleich zu den
beiden bescheidenen Pfarrhäusern, die bisher das Zuhause der Familie
geboten hatten, zogen sie nun in eine palastartige Haushälfte, in der
ihre Familie - mit mittlerweile vier Töchtern - drei Etagen, vier Balkons
– und mehr als ausreichend Platz fanden.[53] Heute beherbergt das
Pfarrhaus neben der Gemeindeetage im Erdgeschoss zwei Amts-
wohnungen und zwei weitere Wohnungen in der dritten Etage. Damals bezogen die Pfarrfamilien zwei nebeneinander liegende drei-
stöckige Reihenhäuser, die über dem Pfarrsaal und der Küster-
wohnung lagen. Während der Möbelwagen in Diez noch wie ein Sarg
gestanden hatte, spuckte er nun am Zielort munter viel zu wenige
Möbel aus, die die Leere des großen Hauses nicht sofort zu füllen
vermochten. Schon am 10. Januar 1910 bittet Philippi den Kirchen-
vorstand, seine Bodenkammer im Pfarrhaus dem Küster überlassen zu
dürfen.[54]

Die ersten Wochen werden der ersten Orientierung in dieser neuen
Welt gedient haben, die auch für ihn als Wiesbadener Bub nur noch
wenig an das Städtchen erinnert hat, das er vor Jahr und Tag verlassen
hatte. Als nicht mehr ganz neuer „Pfarrergeneral" stand der kleinen
ehemals nassauischen Landeskirche, die an die große preußische

---

[53] Bei dem Umbau in der zweiten Hälfte des 20. Jahrhunderts löste man
die Reihenhäuser auf, und richtete im ersten und zweiten Stock Pfarr-
wohnungen ein.
[54] Protokollbuch des Kirchenvorstands, Bd. 1, 267.

Landeskirche teilautonom angegliedert war, der Generalsuperintendent Heinrich Maurer[55] vor, den Philippi bereits aus dem Herborner
Seminar kannte, das dieser zuvor geleitet hatte.

Während seine Frau und Töchter sicherlich schon bald die prakti-
schen Seiten des Stadtlebens erforscht und zu nutzen begonnen ha-
ben, musste sich Philippi daran gewöhnen, dass es an seiner neuen
Ringkirchengemeinde mehrere Pfarrstellen gab. Er wird noch gut in
Erinnerung gehabt haben, wie er in Altendiez für seinen alten Pfarr-
herrn die heißen Kartoffeln aus dem dienstlichen Feuer holen musste:
Im Vikariat in St. Peter, hatte er zwei Jahre lang die Schrullen und
Launen des Alten ertragen müssen, ohne dass er sich davon die eigene
Freude an der Arbeit verderben lassen wollte. Lehrjahre sind eben
keine Herrenjahre. –

Aber kaum war er zum Pfarrer ernannt, war er sowohl in Breitscheid
als auch in Diez der unangefochtene Hausherr der Kirche – und des
Pfarrhauses. In Wiesbaden galt es jetzt, mit den dortigen Kollegen so
zusammenzuarbeiten, dass sie alle lange Zeit miteinander friedlich
zusammenwirken könnten. Belastet war das Verhältnis zwischen den
Pfarrern aller großen Gemeinden durch einen Proporz der Kirchen-
leitung. Sie sorgte dafür, dass an jedem dieser großen Kirchorte jeweils
alle theologischen Parteiungen vertreten waren: Die „Positiven"
bildeten den konservativen Mehrheitskurs derer, die jeden Fortschritt
als bedrohlich für das biblische Bekenntnis sahen. Die „Ver-
mittlungstheologen" sahen sich als Bindeglied zwischen der biblischen
Botschaft und dem modernen Denken und schließlich die „Liberalen"
verstanden sich als Kinder eines wissenschaftlichen Zeitalters, das
keine Frage verbietet. Philippi war ein aktiver Vertreter dieser „linken"
Partei, was im kirchlichen Sprachgebrauch die Liberalen meinte. Weil
es hier keine Denkverbote gab, sammelte sich in dieser Richtung ein

---

[55] **Heinrich Maurer** (1834-1918), war ab 1864 Pfarrer in Herborn und lehr-
te dort gleichzeitig am Theologischen Seminar. Von 1897 bis 1913 war er
Generalsuperintendent des Konsistorialbezirks Wiesbaden. (Hochschule
Rhein-Main)

gewaltiges Spektrum von sehr unterschiedlichen Ausrichtungen, von frühen völkischen Ideologen bis hin zu religiösen Sozialisten.

Der Vorgänger auf seiner zweiten Pfarrstelle an der Ringkirche, August Merz[56], der seit 1908 in der Gemeinde gewirkt hatte, war dem Pfarrer Karl Lieber[57] auf die erste Pfarrstelle der Ringkirchengemeinde nachgefolgt, weil dieser zum Gründungspfarrer der neuerbauten Lutherkirche im Süden der Stadt Wiesbaden geworden war. Er war ein umtriebiger, in Verwaltungsdingen ungeheuer beschlagener Mann, der – wie Philippi – lange im ländlichen Raum der nassauischen Kirche Dienst getan hatte und – im Gegensatz zu dem „Tintenfinger" Philippi – feste Einrichtungen zur Verbesserung des bäuerlichen Lebens geschaffen hatte, die seinen Aufenthalt dort überdauert hatten.

August Merz wird in wenigen Jahren zu Beginn des Jahres 1914 eine „Kleinkinderschule" aus der Taufe heben. Wenig später wird man sie den „Kindergarten der Ringkirchengemeinde" nennen. - Sie hat zwar noch in Friedenszeiten ihren Dienst begonnen, dann aber mit Beginn des Weltkrieges, im August 1914, einen furchterregenden Erfolg gehabt, weil die Väter der Kleinen an die Front zogen und ihre Mütter den Lebensunterhalt verdienen mussten. Es gab kaum zuverlässige Wege, den kargen Kriegersold zur Familie nachhause zu schicken. August Merz ist so zum sozialen Vater vieler Kriegskinder und Kriegswaisen geworden, die seit dieser Gründung eine einigermaßen geordnete Kindheit dem Gemeindekindergarten verdankten. Diese „Kleinkinderschule" lud zunächst die Kinder in –bis zu drei Wirtshaus-

---

[56] August Merz (1861-1936) wirkte als 5. Pfarrer an der Ringkirche von 1908 bis 1928. Merz gründete Januar 1914 den Vorläufer des Ringkirchenkindergartens, der dann im Ersten Weltkrieg, ab August 1914, die Aufgabe hatte, die soziale Verelendung von Kindern zu verhindern. Der spätere Landeskirchenrat wurde am 11. November 1861 in Wehen, heute Taunusstein, geboren und starb 1936.

[57] Carl Lieber war 2. Pfarrer an der Ringkirche von 1894 bis 1908. Er wurde in Diez am 5.1.1861 geboren und starb in Wiesbaden am 21.12.1920.

sälen ein und befreite sie aus der Gefangenschaft der Wohnung, in die ihre Mütter sie zuvor aus Verzweiflung hatten sperren müssen, wenn sie selbst arbeiten gingen.[58] Philippi wird sich in seinen letzten Lebensjahren dafür einsetzen, dass die Kindereinrichtung ein eigenes Haus bekommt, in dem dann die künftige Betreuung kindgerechter stattfinden kann.[59]

Merz war zugleich der Kopf des Evangelischen Bundes, dem er in Wiesbaden mit zahlreichen Aktivitäten zu einer großen Popularität verholfen hat. Der zweite Pfarrerkollege, Heinrich Schlosser, glänzte durch kultivierte Kompetenzen und eine ausgeprägte Leutseligkeit , die ihn zum speziellen Freund des Kirchenchores gemacht

Wir müssen die wirklichkeyt sehen,

wie sie ist.

Heinrich Schlosser auf der Karikatur eines Kandidaten der Theologie im Herborner Seminar, wo er später als Dozent arbeitete. (Zentralarchiv der EKHN)

---

[58] Im Archiv der Ev. Ringkirchengemeinde finden sich Berichte der Gemeindeschwester Gertrud Bäumer, die solche Fälle dokumentieren.

[59] Neben der „Notkirche" für die Ringkirchengemeinde (heute „Stephanuszentrum", Klarenthaler Straße 22), die gebaut wurde, weil die englische Rheinarmee die Ringkirche für ihre Militärgottesdienste requiriert hatte, wurde 1928 bis 1930 ein fester Kindergarten errichtet, der bis heute – einige Male erneuert – Dienst tut.

hatte, in dessen „Vereinswesen"[60] er tief eingewurzelt war. - Viele Aktivitäten der evangelischen Kirchengemeinden – so auch der Chor – wurden in mit der Gemeinde nur personell verbundenen „Vereinen" durchgeführt mit jeweils eigenem Vorstand. Das wird sich im Dritten Reich als Risikofaktor erweisen. Die Nationalsozialisten konnten solche Vereine – so auch die, die die Kindergärten verwalteten, leicht unterwandern und die Kontrolle über sie übernehmen.

Gegenüber Schlosser stand Philippi in dem Ruf, mit Musik nicht allzu viel zu schaffen zu haben. - Im persönlichen Umgang wirkte der theologisch zur „Rechten" zählende Schlosser etwas spröde, im nassauischen Sprachgebrauch ein „trocke Brötsche", dem der Mangel an Humor später vor allem in seiner Tätigkeit als Leiter des Herborner Seminars nicht zugutekam, wie die bissige Karikatur oben beweist.

Zwei Jahre nach Philippi wird Karl Veidt[61] Pfarrer an der Ringkirche, ein Mensch voller Gaben, die er auch politisch nutzen wird. In dem kirchlichen Parteienwesen, das ihm sehr wichtig ist, gehört er zu den „Positiven", der „Rechten". Er meint - wie viele - dieser laut Philippi „pfäffischen" Fraktion, dass die christliche Wahrheit nur auf ihrer Seite zu finden sei. Schlimmer ist, dass er dem älteren Kollegen Philippi

---

[61] Karl Veidt geboren am 20. Februar 1879 in Dörnberg, Unterlahnkreis; am 10. August 1946 in Wiesbaden gestorben, war als junger Theologe unter den Einfluss von Adolf Stoecker geraten. Später gehörte er zur Bekennenden Kirche. Nach zwei Jahren an der Wiesbadener Ringkirche ging er als Feldgeistlicher an die Front des Ersten Weltkriegs. Von 1918 bis 1945 wirkte er in Frankfurt. Er wird einige Zeit als Abgeordneter tätig sein. Nach zwei Ausbombardierungen kehrte er nach Wiesbaden zurück, wo er starb. Veidt war vor 1912 regelmäßiger Autor des nassauischen „Evangelischen Gemeindeblattes"; von da an nehmen die Beiträge Philippis zu, der dann auch Mitherausgeber der Zeitung wird. Vielleicht gab es eine Rivalität zwischen Philippi und Veidt.

gegenüber als überheblich auftritt und da und dort Streit vom Zaun
bricht, mit dem er seine Qualitäten meinte, unter Beweis stellen zu
müssen. Veidt hält Philippi für ein Relikt eines inzwischen „glück-
licherweise überwundenen Subjektivismus".[62] Veidt galt durchaus als
rhetorische Begabung, die nicht für jeden leicht verständlich war.[63] Er
gehörte zu der kirchlichen Gruppe, die vom Berliner Theologen Adolf
Stoecker[64] geprägt war, der konservative Theologie, soziale Verantwortung, aber auch Antisemitismus miteinander verband. Philippis
Kirchenbild dagegen entstammte einer Schöpfungstheologie, die ihre
Botschaft auch aus der Natur bezieht, weil deren zeitlose Wirklichkeit
durch Gott erhalten und belebt wird. - Veidt wird sich bei Kriegs-
ausbruch sehr schnell als „freiwilliger Feldgeistlicher" an die Front
melden.

Nach dem Krieg wird Veidt nach Frankfurt wechseln und seine Stelle
an der Ringkirche wird 1918 mit Pfarrer Martin Schmidt[65] besetzt, der
Philippis Weggefährte sein wird bei der Suche nach einer Kirchenverfassung, durch die nach dem Kriege die Abhängigkeit der Kirche
vom preußischen Staat – und dem Kaiser als höchstem geistlichen

---

[62] Vgl. Werner Becher (Hrg.): Karl Veidt; Paulskirchenpfarrer und Reichstagsabgeordneter. Verlag der Hessischen Kirchengeschichtlichen Vereinigung, Darmstadt, 2006, 97.
[63] Vgl. August Kortheuers Rede bei der Trauerfeier für Karl Veidt am 12.
August 1946: „Ich werde diese geistesmächtige Rede nie begreifen."
Becher, Karl Veidt a.a.O., 11.
[64] Adolf Stöcker lebte 1835 bis 1919 und vertrat eine Haltung, die man
heute einen „protestantischen Fundamentalismus" nennen könnte.
[65] Martin Schmidt, geboren am 24. November 1883 in Miehlen im Taunus,
gestorben am 6. Juni 1964 in Frankfurt am Main. War Pfarrer und später
Hochschullehrer und Gründungsherausgeber der Kirchengebietszeitung
„Weg und Wahrheit", heute Evangelische Sonntagszeitung.

Würdenträger - enden soll.[66] Schmidt wird die Erfahrungen der gemeinsamen Diskussionen um die nassauische Kirchenverfassung 12 Jahre nach Philippis Tod in die Gründungsgespräche der dann neu gegründeten „Evangelischen Kirche in Hessen und Nassau" einbringen, zu deren wichtigsten „Kirchenvätern" er einmal gehören wird. Er hat mit Philippi gemeinsam, dass sie beide als die Suchhunde, die damals die Spur zu einer demokratischen zukunftsfähigen Verfassung einer Kirche erschnüffelt haben, fast völlig in Vergessenheit geraten sind.

Seiner rheinischen Offenheit schreibt Philippi zu, dass er kollegial zu allem bereit ist, was einer ehrlichen Gesprächskultur dient und er hat seinen Teil dazu beigetragen, dass sich alle Pfarrerkollegen so wenig wie möglich in der Ausübung ihres Amtes behindert haben.[67]

Außer den Kollegen, die genau wie Philippi die Herren der gewaltigen Ringkirche waren, gab es noch eine andere Einrichtung, die ihm im hohen Westerwald oder im Städtchen Diez verzichtbar erschienen wäre: Das Besuchsbüchlein. In Breitscheid tauchte er in die Gemeinschaft des Ortes ein, wenn er mit einem der Dortigen sprach. Auch sein Abstand von allen – als Ortsfremder - half ihm, klarsichtig zu spüren, dass er da in eine andere Welt geriet, die ihm zwar fremd war, die er aber mit der Zeit zu lieben oder doch wenigstens zu achten gelernt hatte. - Im Raum Diez waren die Menschen durchaus individueller, aber die gesellschaftlichen Spielregeln waren klar: Du bist hier Pfarrer, ich bin hier Bürger. Lass mich in Ruh, dann bekommst du meine Achtung![68]

---

[66] Entwurf einer Kirchenverfassung der Nassauischen Landeskirche, Wiesbaden, 1922.
[67] Pfarrer Heinrich Peter weist in seinen Eintragungen in der Pfarrchronik der Ringkirchengemeinde darauf hin, dass Philippi keineswegs ein enger Verfechter seiner Kirchenpartei gewesen ist.
[68] Vgl. a.a.O. Philippi. Zuchthausbrüder, 2015, 63f.

In der Großstadt Wiesbaden – 1910 hat die Stadt etwa 109.000 Einwohner - hatte Philippi mehr einzelne Kontakte als je zuvor in seinem Leben. Auch als eingeborener Wiesbadener, der als „Virreche"[69], als Vetterchen über die Mutter mit zahllosen Familien des alten Residenzstädtchens verwandt gewesen war, musste er einsehen, dass die Ureinwohner heute nicht wichtiger waren als die große Zahl von Neubürgern. Als er zurück nach Wiesbaden kam, waren von den Einwohnern ungefähr 65.000 evangelisch - und zur Ringkirchengemeinde gehörte knapp die Hälfte von ihnen.

Im Unterschied zu den dörflichen Gemeinden sind die Menschen, mit denen der Stadtpfarrer Kontakt hat, nicht zugleich einer Schicht, Sippe oder Gruppe verbunden, sondern in Übereinstimmung zu den Betrachtungen von Gustave Le Bon bezeichnet man damals die pauschale Menge der städtischen Individuen als „Masse".[70] „Seit 1910 bin ich in meiner Vaterstadt in einer Massengemeinde" gibt Philippi zu Protokoll.[71] Wer mit einem dieser Menschen sprach, bekam ein Bild nur von genau diesem einen Leben und dessen Schicksal. In Breitscheid und Diez gehörte jedes Schicksal in ein festes Band, das sich um die ganze Gemeinde legte – oder doch zumindest um eine Familie. Die Stadtgemeinde besteht weitgehend aus autonomen Individuen, die unverbunden miteinander leben. So musste der Pfarrer sich zwingen, die Menschen nicht als Klischees zu betrachten, als einen be-stimmten Typus, der ganz ähnlich sei wie viele andere, denn wenn dem einzel-

---

[69] Zur Zeit Philippis bezeichneten sich die gebürtigen Wiesbadener als „Virreche", was kritisch auf eine Vetternwirtschaft hinzudeuten scheint. Philippi bezeichnet sich so in einem Zeitungsgespräch.
[70] Gustave Le Bon, Psychologie der Massen, 1895 frz., deutsch, 1911. Er liefert damit auch eine Rassenlehre, die vielen Faschisten Argumente lieferte, weil die Masse der Führung bedürfe.
[71] Wiesbadener Tagblatt, 1925 vor dem Abdruck des Romans „Vom Weibe bist du" anlässlich einer Neuausgabe des Werkes von 1911.

nen Menschen erst der Stempel aufgedrückt ist, dann hören die eigenen
Ohren nicht mehr aufmerksam zu.

Und Kirche hatte für Philippi ganz wesentlich zu verhindern, dass die
Menschen eine anonyme Masse bleiben; sie habe vielmehr die Aufgabe,
aus dieser Masse wieder Menschen werden zu lassen.[72] Das wird von
Philippi mit geistlichem Inhalt gefüllt. Und so wird er Menschen-
schicksale in einem Büchlein festhalten, dessen Einträge dem
schwachen Gedächtnis aufhalfen: Kirchliche Amtshandlungen, Besu-
che, Stichworte von Gesprächen, all das lieferte Material, die Unver-
wechselbarkeit des Menschen ernst zu nehmen, obwohl manchem
Stadtpfarrer die dörfliche Unbefangenheit gefehlt haben wird: In das
Seelsorgebüchlein trug man alle Hausbesuche ein und was dabei als
bemerkenswert auffiel. Wenn Philippi in Breitscheid in ein Haus gegangen war, wusste er, was ihn dort und wer ihn dort erwartete. Wiesbaden zeigte deutlich, dass es hier kein dörflich kleinstädtisches Leben
mehr gab. Schon damals wird er den Hintergrund dessen gespürt
haben, was er auf einem Landeskirchentag 1930 sagen würde: „Die
entgottete Welt, wie wir sie heute haben, führt mit Notwendigkeit zur
Entmenschlichung der Welt."[73] Die Stadt, der Stadtteil, die Gemeinde
mit ihren unterschiedlichen Menschen, sie haben keinen gemeinsamen
Gott mehr. Das Volk wird zur „Gesellschaft". – Philippi wird nicht
mehr erleben, wie der auch in die Kirche eindringende Nationalsozialismus und dann der von diesem verursachte Krieg die
Kräfte der Verwüstung stärken würde, statt die Masse zu ihrer
menschlichen Bestimmung zu führen.

In der Ringkirchengemeinde mit ihren Zehntausenden von Gemein-
degliedern waren die Amtshandlungen die wichtigste Aufgabe der

---

[72] Dies ist z.B. das Anliegen des Romans „Niemandsland". Zur sozialen
Veränderung der Stadt auch: „Der Armensarg", Zeitschrift Jugend, 1914.
[73] Niederschrift der Verhandlungen des Kreiskirchentages Wiesbaden-
Stadt 1930, 22.Oktober 1930

Pfarrer: Kinder mussten getauft, Eheleute mit dem Trausegen versehen und Verstorbene ausgesegnet werden. Die Pfarrer hatten sich auf viele Menschen unterschiedlicher Herkunft einzustellen in dieser „Massengemeinde". Mit dieser Begründung tröstete man sich, dass man als Pfarrer neben dieser ungeheuren Zahl von Amtshandlungen unmöglich noch sehr viel mehr unternehmen konnte. In kleineren Gemeinden boten zunehmend deren Pfarrer interessante Gesprächskreise an, sorgten für viele gesellige Vereine oder engagierten sich anderweitig. Das war im Dienst der Ringkirchengemeinde erschwert. – Aber Philippis Kollegen schafften es dennoch. August Merz baute sogar noch eine Sterbekasse für Pfarrer auf und ließ sich zum vorübergehenden Vormund der Kinder eines „Kriegers" machen.[74] Heinrich Schlosser ließ sich in den Landesvorstand der nassauischen Kirchenchöre wählen. Es gab Nähkränzchen, Jugendgruppen und Mädchenkreise wie auf dem Dorf – nur kamen statt zehn, zwölf Leuten dreißig, fünfzig oder hundert. Dafür fanden sich ehrenamtliche Kräfte, die sich in diesen Kreisen engagierten. Und der Saal im Pfarrhaus an der Ringkirche war fast zu jeder Tages- und Abendzeit voll belegt. Zur Verstärkung wurde den Pfarrern da und dort ein Hilfsprediger oder ein Diakon zu Seite gestellt, der auch bei den Unterrichtstätigkeiten entlastete. Auch der Religionsunterricht in den Schulen waren eine große Aufgabe der Pfarrer. Und schließlich zählten die Konfirmandengruppen nicht wie heute 15 bis 20, sondern bis 150 junge Leute, die in die Geheimnisse des protestantischen Kirchenglaubens einzuführen waren.

Als Philippi kam, gab es noch die „Dienstwoche". Eine Woche lang war einer von den Pfarrern im Wesentlichen für alle Amtshandlungen zuständig und überschlug sich fast, sein Pensum zu schaffen, während es die anderen Kollegen für diese Zeit leichter hatten. Diese unglückliche Einrichtung wurde ab dem 1. Mai 1912 ersetzt durch eine

---

[74] Ein Vorgang im Ringkirchenarchiv dokumentiert dieses Engagement für die Kinder Emmel, 1909-3.

Aufteilung der Gemeinde in „Seelsorgebezirke".[75] Zwar konnte jedes Gemeindeglied noch den Pfarrer seiner Wahl bitten, aber Philippi war offiziell zuständig für den 2. Bezirk, den der Kaiser-Friedrich-Ring, die Wellritzstraße, die Hellmundstraße und die Oranienstraße umfassten.[76]

Was er manchmal vermisst haben wird, ist die Selbstverständlichkeit, mit der alle Menschen gleichermaßen zu ihm kommen konnten, wie das in seinen früheren Stellen gewesen war. Häufig hatte ein Mitmensch in der Tür der ländlichen Pfarrhäuser gestanden und berichtet, was er auf dem Herzen hatte. Hier in der Stadt gab es zwei Klassen: Die einfachen Leute saßen zu den Sprechzeiten in einer langen Schlange auf der Treppe des Pfarrhauses und mochten ihre Anliegen, Sorgen oder Wünsche beim Pfarrer loswerden. Die feineren Leute bedienten sich der modernsten Technik, die in der Wohnung am Ende eines edel ummantelten Kabels mit einem Wunderwerk aus schwarzem Bakelit endet. Wer in Wiesbaden auf seiner Wählscheibe 2426 wählte, ließ den durchdringenden Glockenschall seines Telefons ertönen – und sagte sich zum Gespräch an, - um nicht mit dem gemeinen Volk auf der Treppe warten zu müssen. Dank Siemens und Halske ging das sogar ohne „Fräulein vom Amt".

Philippi nahm sich ein Beispiel an seinen Kollegen, was die Gruppen, Kreise und Vereine anbetraf, aber unter der Maßgabe, dass seine literarischen Ambitionen nicht an ihr Ende kommen dürften: „Für einen angemieteten Saal am Elsässer Platz wurde ein „Jugendverein der Ringkirche" ins Leben gerufen, den in zwei Abteilungen die Pfarrer Philippi und Veidt leiteten, unter Mithilfe des Gemeindehelfers Bohr. Fritz Philippi zeigte sich auch hier als fortschrittlicher Pfarrer. Für seine Jugendlichen folgte er nicht den bewährten Rezepten der Jugendpflege,

---

[75] Ein Flugblatt weist vier Seelsorgebezirke für das Jahr 1912 aus: 1/Pfarrer Merz. 2/ Pfarrer Philippi. 3/Pfarrer Schlosser. 4/Pfarrer Weber.
[76] Heute, 2017, umfasst der 2. Bestattungsbezirk den südlichen Teil zwischen Schiersteiner Straße und Dotzheimer Straße.

sondern beschaffte eine Bühneneinrichtung, einen Projektionsapparat, und aus seinem Verein ging ein „Posaunenchor der Ringkirche" hervor, den er zunächst von Gemeindehelfer Bohr leiten ließ, bis dieser eingezogen wurde und an der Front ein frühes Ende finden wird.[77]

In Erinnerung an den freien, fernen, „schrohen", also herben Westerwald entwickelt Philippis Phantasie weiterhin Geschichten und Bücher. Die Bedrückungen aus seinem Scheitern in Diez musste er noch schwarz auf weiß bearbeiten. Philippi kann in seiner alten, neuen Heimatstadt weiterhin den „Tintenfinger" geben: Als „Dichterpfarrer" genoss er die Freiheit, weiter die Feder zu schwingen und niemand – auch nicht seine Kollegen – ließ offen erkennen, dass sie von ihm mehr dienstliches Engagement erwarteten.[78] Die Einträge im Protokollbuch des Kirchenvorstands zeigen, dass er bis 1926 auch hierin den Kollegen nicht nachstand. Zu den Eigenheiten einer solch großen Gemeinde gehört, dass man immer viel mehr tun müsste, als man wirklich tun kann. So verbindet alle Pfarrer – den einen mehr, den anderen weniger – das Band des schlechten Gewissens um eine Gemeinde mit ihren damals um 30.000 Seelen.[79]

Philippi wird in seinen beiden „Hirsekorn" - Biographien zu lesen geben, dass er durchaus stolz auf die besonderen Herausforderungen seiner ersten beiden Stellen war. Es war ihm gelungen, in die abweisende Front der kirchenfeindlichen Frommen und Weltkinder im militant religiösen Breitscheid einzubrechen und er hatte einem klei-

---

[77] Heinrich Schlosser in seiner Festschrift zum 25. Bestehen der Ringkirche: „Schlichtheit, Einfachheit und Monumentalität" hrg. v. Ralf-Andreas Gmelin, Wiesbaden, 2006.

[78] Die Diskussion wird erst geführt, als er sich 1926 aus der Residenzpflicht verabschieden will, um zu seiner Tochter in die Alwinenstraße zu ziehen. s.u.

[79] Heute (2017) hat die Ringkirchengemeinde als größte Gemeinde Wiesbadens und ca. siebtgrößte der Landeskirche EKHN etwa 5.200 Mitglieder.

nen Kreis von Kundigen deutlich machen können, dass Strafvollzug der Besserung von Menschen dienen müsste und nicht der Zerstörung von deren Lebensläufen. Worauf wäre er später im Hinblick auf seine Zeit an der Ringkirche stolz gewesen?

Den alltäglichen Dienst rund um die Ringkirche bestimmte zuerst das Herumgerenne bei den Dienstwochen, in denen er mit der Taufschale von Haus zu Haus hastete, um eine gewaltige Menge von Kindern zu taufen. Bei diesen in Wiesbaden üblichen Haustaufen ging es oft unpersönlich zu. Manche Familie war überfordert, dieser Tauffeier einen festlichen Charakter zu geben und ließ spüren, wie froh sie sei, wenn der Pfarrer wieder draußen ist. Demgegenüber gab es natürlich auch Familien, die sich alle Mühe gaben, dem Täufling samt Pfarrer einen schönen Rahmen zu geben. - Ein Kollege Philippis von der Marktkirche nannte solche Taufen ein „gemein Kinderbaden".

Vielleicht hat Philippi Zweifel an der Qualität seiner Trauansprachen: Der für die Trauungen diensthabende Pfarrer saß nach einer erfolgten Trauung in der Sakristei und ließ sich vom Küster berichten, was das nächste Brautpaar ihm gesagt hatte. Die Trauansprache entstand dann in etwa drei Minuten, während der Pfarrer aus der Sakristei zur Tür ging, um Braut oder Brautpaar zu empfangen.

Vielleicht kamen ihm seine Ansprachen beim Abschied von dem Leben eines unverwechselbaren Menschen nicht unverwechselbar genug vor, wenn er am Grab seinen Dienst verrichtete. Wäre Fritz Philippi in seinem Dienst und mit seiner großen Familie ganz mit sich im Reinen gewesen, wäre er wahrscheinlich nicht so bereitwillig in den Krieg gezogen.

Daran werden auch seine literarischen Erfolge nichts ändern: In der Zeit von 1910 bis 1914 entstehen vier Prosawerke, drei Schauspiele und vier Sachpublikationen. Ein besonderes Thema stellt der „Fall Jatho" dar, dem Philippi das Schauspiel „Pfarrer Hellmund" widmet.

Philippi protestiert entsprechend seiner liberalen Haltung mit diesem Theaterstück gegen dessen Amtsenthebung. Das Stück wird sogar am Ort des Geschehens, in Köln, wo Carl Jatho[80] an der Christuskirche gewirkt hatte, aufgeführt. Philippi lässt sein Stück tragisch enden. Es scheint keine lange Spieldauer erlebt zu haben. Seine Hauptfigur trägt einen sprechenden Namen, denn Fritz Philippis Vaterhaus hatte in der Hellmundstraße gelegen, die ihren Namen von einem Wiesbadener Pfarrer des 18. Jahrhunderts bekommen hat: Hellmund[81] stammte – wie Philippi aus einer Handwerkerfamilie, sein Vater war Schmied. Im Unterschied zu Philippi wurde er Pietist. Er gehörte zu denen, die sich stark für die in Not geratenen Kinder eingesetzt haben. Wie Philippi glaubte er, dass sich Gott dem einzelnen in veschiedenen Phänomenen zeigt; bei ihm heißen solche göttlichen Zeichen „Gnadenwinke".

Unmittelbar zu Kriegsbeginn Anfang August 1914 taumelt Philippi in eine wildpatriotische Kriegsbegeisterung, die zu unmittelbaren poetischen Ergebnissen führt, seinen „Kriegsliedern", die nach dem verlorenen Krieg einen mehr als schalen Nachgeschmack bekommen werden – wohl auch für ihn selbst.[82] Mit glühender Kriegslyrik geht die Vorkriegszeit in seiner Heimatstadt zuende. Er hätte vielleicht mit Frau und vier Töchtern ein arbeitsreiches, aber friedvolles Leben führen können, aber die Zeitläufte wollten es anders und der Krieg kam. Philippi wollte dort sein, wo sein Vaterland gegen –seiner Ansicht nach – eine Welt von Feinden verteidigt werden musste. Heinrich Schlossers Chronik von 1921 hält fest, dass die Ringkirchengemeinde ab August 1914 allabendlich „Kriegsbetstunden" mit anschließender Abend-

---

[80] Carl Wilhelm Jatho (1851-1913) vertrat eine pantheistische Lehre. Einige Anhänger werden zu Verfechtern völkisch-germanischer Religion.
[81] Egidius Günther Hellmund (1678-1749) war ab 1721 in Wiesbaden.
[82] F.Ph.: „Dafür, dass ich die Gabe des Fabulierens mitbekommen habe, kann ich nichts, bin auch zweifelhaft, ob das immer ein reines Vergnügen ist, vom Tintenteufel besessen zu sein." aaO. Wiesbadener Tagblatt 1925.

mahlsfeier anbot, die einem Bedürfnis der in den Krieg Ziehenden wie ihrer Familien entsprachen. „Erst nach längerer Zeit wurden diese Abendfeiern in ihrer Zahl verringert und 1916 im Einvernehmen mit den anderen Gemeinden eingestellt."[83]

Für das umfangreiche Alltagsgeschäft, sorgte zunächst August Merz in großer Geduld und mit altgewohntem Durchsetzungsvermögen: Die Ringkirche wurde nach zahllosen Diskussionen und schriftlichen Vorgängen umfangreich renoviert: Die Flächenversiegelung direkt an der Kirche wurde durch Asphalt ersetzt[84], die Wasserabführung wurde verrohrt und auch das Pfarrhaus wurde erneuert. In Philippis Pfarrhaushälfte wurde der Fußboden des Flures neu gestrichen. Aber während draußen der Weltbrand tobte, konnte Philippi sich nicht mit solch friedlichen Bau- und Erhaltungsmaßnahmen zufrieden geben.

Vielleicht kam noch die Eitelkeit des Schriftstellers dazu, der nach besonderen Erlebnissen lechzt, wenn er etwas zu erzählen haben will. In seinen Westerwaldgeschichten kommen Veteranen vor, die noch nach einem viertel Jahrhundert ihre Kriegserlebnisse aus dem „großen Krieg" erzählen. All das ließ ihn fast blindlings in die Kriegsbegeisterung geraten, die auch manchen anderen Zeitgenossen ergriffen hatte. Kaum hatte er ab 1910 in seiner alten Heimatstadt wieder Fuß gefasst, gab ihm der Krieg einen Stoß, der ihn von Heimat, Frau und Töchtern trennte. Als der Krieg im August 1914 losging, sorgte August Merz für den Kindergarten, und Philippi gab seiner Begeisterung zunächst nur in Gedichten Ausdruck. Doch wollte er ihnen folgen lassen, dass auch er dort sein müsse, wo die Jugend seines Volkes vermeintlich dem Sieg entgegen schreite.

Hat er es später bereut, dass er seiner damaligen Stimmung seine Feder geliehen hat? Die Kriegsgedichte erschienen auch im Wiesbadener Tagblatt. Jeder konnte sie gelesen haben...

---

[83] H. Schlosser, Festschrift von 1919, aaO., 2006, 33.
[84] Ab 2014 wurde die ursprüngliche Pflasterung wieder restauriert.

Ein Kriegsgedicht, das später in dem Gedichtband „Die heimliche Stimme"[85] erschien, wurde sogar als Marschmusik vertont.[86] Nach 1918 hörte man von Philippi, dass der „Tintenteufel" eine problematische Seite habe. Er frage sich, ob das immer ein reines Vergnügen sei, vom diesem besessen zu sein.[87] Denn seine Schriftzeichen verraten unwiderleglich den Irrtum von gestern. Ein Exemplar des Bändchens „Die heimliche Stimme" im Archiv der Ringkirchengemeinde trägt handschriftlich den Namen von Philippis Tochter Hanna.[88] In dem Exemplar befinden sich zahlreiche

Die heimliche Stimme.

Lyrik von Fritz Philippi

Bleistifteintragungen, die darauf schließen lassen, dass es Philippis eigenes Handexemplar war, mit dem er noch eine Neuauflage geplant hatte, die uns bis heute noch nicht als Buch begegnet ist. Er teilt in einem Zeitungsbeitrag mit, dass es diese Neuauflage gebe in der „Verlagsbuchhandlung J. J. Weber, Leipzig."[89] Die Bleistifteintragun-

---

[85] Die heimliche Stimme, Otto Rippel, Hagen, 1915, 24.

[86] „Wenn die Landwehr kommt". Marschmusik von Arthur Wagner.

[87] Beitrag im Wiesbadener Tagblatt 1922, aaO.

[88] Später verheiratete Kussmaul.

[89] Im Verlag J.J. Weber, Leipzig erscheinen die letzten Bücher Philippis. Der Verlag gehört später zu den stramm im Sinne der Nationalsozialisten operierenden Häuser. Hier erscheint die „Illustrierte Zeitung, Leipzig" (seit 1843) dann als ein Schaufenster des Dritten Reiches. Wir vermuten, dass die geplante Neuauflage nicht zustande kam.

gen sehen ein Bändchen vor, in dem alle Kriegslieder – und viele weitere Gedichte wegfallen. Ein Gedicht ist mit festen Bleistiftstrichen durchgekrakelt, das 1914 im Überschwang entstanden war als Parallellyrik zu „Heil dir im Siegerkranz"[90], der preußischen Volkshymne, die bei offiziellen Anlässen gespielt wurde und ab 1871 als Kaiserhymne gegolten hatte:

Der Kaiser

Du bist der Kaiser!
Von Gottes Gnaden bist du's ganz,
da dich dein kämpfend Volk gesegnet:
Heil dir im Siegerkranz!

Du bist so deutsch!...
Die Schlachten brüllen vor dir sich heiser.
Wir beten, wie wir noch nie gebetet:
Gott, schütz uns den Kaiser![91]

Die Bleistiftmarkierungen wären ein Beweis dafür, dass Philippi sie im Nachhinein als peinlich empfunden hat. Auf den folgenden Seiten tragen viele Gedichte einen Haken – und viele nicht. Die Neuauflage wäre um ein Erhebliches schmaler ausgefallen, wenn sie wirklich erschienen ist. Gegen die Deutung, dass Tochter Hanna einfach mit den Haken ihre Lieblingsgedichte markiert hat, spricht, dass auch

---

[90] Heil dir im Siegerkranz war preußische Volkshymne von 1795 bis 1871. Wikipedia, Art., „Heil dir im S.", abgerufen 3.1.2017.

[91] Das Original dieses Gedichts hatte drei Strophen und wurde 1914 in der Christlichen Welt auf Spalte 869 abgedruckt. Die zweite Strophe war vielleicht nicht heroisch genug und lautete:
Der Köpfe Haupt! ...
Du bist der Herzog des Weltenbrands.
Dich grüßt der sterbende Blick der Krieger:
Herrscher des Vaterlands!

handschriftliche Korrekturen eingetragen sind.[92] Eine Überschrift wurde geändert.[93]. Und beim letzten Gedicht ist die fehlende Zeile beim letzten Vers eingeschrieben.[94]

Vorausgesetzt, dass die Bleistifteintragungen von eigener Hand stammen, hätten wir hier den Beweis dafür, dass Philippi sich von seiner Kriegslyrik später distanziert hat. Die inhaltliche Auseinandersetzung - zumindest für sein Nachdenken über das technisch industriell dominierte Kriegsgeschehen wird er erst in seinem Drama „Belial" Mitte der zwanziger Jahre führen, in dem er den Teufeln unterstellt, sie hätten die Technik dafür erfunden, um den Menschen zu versachlichen, ihn also der Sachenwelt unterzuordnen. In den Tagen des Kriegsbeginns und bis hin zu seinen eigenen Erfahrungen in Frontnähe, erscheinen ihm der Krieg und der soldatische Dienst als patriotische Pflicht, die Vorrang vor allen anderen Pflichten und Aufgaben hat.

Auch Kriegspredigten, die in verschiedenen Verlagen gedruckt wurden und die – vermutlich erste - Feldpredigt, die er an die „Christliche Welt" geschickt hatte, sind inhaltlich noch weit entfernt von seiner späteren Analyse, dass der Krieg ein Kampf des Materialismus der Maschine gegen den Geist sei.[95] Was er den Zeitgenossen zu Beginn des Krieges mitteilt und was er in den journalistischen Beiträgen von der Front mitteilt, ist die offizielle Propaganda, dass eine internationale Verschwörung gegen Deutschland stattfände. Später, im Jahr 1921 wird seine Argumentation anders klingen, als er in der „Christlichen Welt" schreibt:

---

[92] S. 47 in „Nun schneit die ewge Ruh ins Land" ist in der dritten Zeile „weiße Hand" zu lesen. Der Bleistift korrigiert „von leiser Hand".
S. 103, 5. Zeile „Tringst" in „Trinkst"
[93] S. 83 Aus „Karfreitagsbitte" wird „Bitte".
[94] Habe Dank o Meer für deinen Wahrspruch. Im Originaldruck von 1901 heißt die Zeile: Habe Dank, du Meer, für deinen Wahrspruch.
[95] So auch in „Belial", seinem wichtigsten Theaterstück.

Das, was wir den Weltkrieg nennen ist nur der für Schwerhörige berechnete laute Ausdruck eines lange schon latenten Kriegszustandes. Im Weltkrieg kulminierte der Ausbruch der Maschine gegen den Geist. Der Weltkrieg ist nichts anderes, als die Explosion einer seelisch unmöglichen Situation. Er ist der titanenhafte Zweikampf zwischen technischer und seelischer Energie des Erdballs. Die feindlichen Naturmächte feierten den Triumph der Menschen - und Kulturvernichtung. Es ist ein gewohnheitsmäßiger Irrtum, den Krieg als Ausnahmezustand anzusehen, der aus dem Rahmen des Ganzen fällt. [96]

Die Arbeiten, die im Dienste für den Krieg entstanden sind, hat Philippi nicht zurücknehmen können, auch wenn er sich später dafür geschämt hat. Das ist das Schicksal des „Tintenfingers". Seine Spur bleibt. Schwarz auf Weiß.[97] Für Philippi gab es kein Zurück. Er hatte zum Krieg aufgerufen und er folgt seinem eigenen Ruf. Im Mai 1915 geht er als freiwilliger Feldgeistlicher zur noch neuen 111. Division, die Preußen für den großen Krieg aufgestellt hatte. Dieser Weg führt ihn zu vielen Toten, aber nicht zum Sieg. Nach diesen Jahren wird sich sein Leben und Denken verändern. Nichts wird so bleiben, wie es zuvor gewesen ist.

Zu mehr allgemeinen Gründen, den Krieg zu begrüßen, gesellt sich für den liberalen Theologen Philippi auch noch der Zustand seiner Kirche. Die kirchliche Krise zeigt sich in hohen Austrittszahlen und mehreren

---

[96] F.Ph., Die geistige Krisis, etc. a.a.O. in „Die christliche Welt" 1921, Sp 340/341.

[97] Korrupte Theologie im Dienste eines überbordenden Nationalismus ist auch aus England bekannt, wo der Londoner Bischof der Kirche von England, Arthur Winnington-Ingram (1858-1946) einen „great crusade to defend the weak against the strong" ausrief und das Töten von Deutschen zum gottgefälligen Werk ernannte. Auch in diesem Fall rächte sich der propagandistische Dienst am Vaterland durch den Vertrauensverlust nach dem Krieg.

Konfirmationsurkunde für die letzte Konfirmation, bevor Philippi
Militärseelsorger wird. Die Illustration scheint bereits Anklänge an
ein Feldlazarett zu haben ... (Archiv der Ringkirchengemeinde)

Verbänden, die für den Austritt werben: Freisinnige, Sozialisten, Kommunisten oder die Monisten Heckels (und Carl Jathos). Hierzu gehören auch pietistische Sektierer.

Innerkirchlich gibt es ebenfalls Gründe, sich um die evangelische Kirche Sorgen zu machen: Drei verfeindete Kirchenparteien zerreißen die Volkskirche. In einem der letzten großen Beiträge für die „Christliche Welt" vor Kriegsbeginn berichtet Philippi von dem „Kirchlich-sozialen Kongreß" in Wiesbaden.[98] Der Kirchlich-soziale Kongress ist eine Abspaltung des „Evangelisch-sozialen Kongresses", in dem z.B.

---

[98] „Kirchlich-sozialer Kongreß in Wiesbaden", Die Christliche Welt, 1914, Sp. 449ff.

Adolf von Harnack, der Mentor vieler Autoren der Christlichen Welt aktiv war. Der ursprüngliche Gründer dieser beiden evangelisch politischen Organisationen war Adolf Stöcker[99], der die Frucht seiner eigenen Idee gespalten hatte, weil er beim Evangelisch sozialen Kongress zu Recht feststellte, dass da nicht seine „positiven" rechten Parteigenossen mittaten, sondern die von ihm verfemten Liberalen.

Philippi berichtet von der Wiesbadener Tagung der „Feinde" und spürt zum Teil auch deren Nähe. Der nassauische Kirchenobere, somit Chef von Philippi, – jetzt Generalsuperintendent - Karl Ohly[100] war als Mitstreiter Stöckers Anhänger von dessen sozialen Kongress. Was Philippi beschäftigt hat, ist die Person Reinhold Seebergs (1859-1935), der als Professor für Systematik und Neues Testament an der Universität Berlin wirkte. Philippi hielt ihn für einen heimlichen Liberalen. Es wundert ihn nicht, dass manche „Positiven" ihn ablehnten. Er resümiert im o.g. Beitrag, dass Seeberg sich den „Positiven" zugehörig *fühle* (ohne es wirklich zu sein) und dass er, Philippi, darum einsähe, dass sich die Positiven mit ihm – allein aus dem Grund des Gefühls - solidarisch erklärten. Philippi leidet bei seiner eigenen liberalen Richtung darunter, dass sie ein gewaltiges Spektrum von Richtungen repräsentiert, aber er bedauert förmlich, - mit einem Hauch Schadenfreude - dass nun auch die „Positiven" eine zersplitterte Fraktion seien. Symptomatisch für das ganze deutsche Volk:

Die Volksseele ist zweifellos verwirrt. Es ist ein Jammer, wie direktionslos und ohne innerliche Führung die Masse ist.[101]

---

[99] Adolf Stöcker (1835-1909) als Hofprediger einflussreicher Theologe und Politiker, verband konservative Frömmigkeit, soziale Verantwortlichkeit und offenen Antisemitismus. Theologische Partei der „Positiven", der Rechten. (Vgl. RGG 3.Aufl. Stöcker, Adolf, Art.)

[100] Karl Ohly (1860-1919) kam aus dem Dunstkreis Stoeckers und gehörte wie dieser zur kirchlichen Rechten.

[101] F.Ph., Die geistige Krisis, etc. a.a.O. in „Die christliche Welt" 1921.

Da eine Volkskirche nach Philippis Meinung der Einheit bedürfe, um die „Direktion der Massen" zu übernehmen, und nicht des individualistischen Diskurses, feiert Philippi den Kriegsbeginn als Ende des Individualismus und als Beginn der Geburt eines Volkes.[102] Diesen Augenblick bewertet er als „österlichen Lebenshauch, den Deutschland 1914 gespürt habe:

Es starb der Einzelne, er ging unter und auferstand im Volk!

Hier zeigt sich die Stärke und zugleich eine Schwäche der liberalen Theologie: Sie vermag mühelos historisch Vorgefundenes auf alte Begriffe zu projizieren, aber unter der Gefahr, dass diese Begriffe blass und profillos werden. Den liberalen „Freien evangelischen Volkskirchenbund", dem Philippi bis zuletzt zugehört, wird diese liberale Indifferenz dazu bringen, sich am 5. Mai 1933 in Philippis Ringkirche aufzulösen, indem er unter der Anleitung des späteren NS-Bischofs,[103] Ernst Ludwig Dietrich, geschlossen in die „Glaubensbewegung Deutsche Christen" übertreten wird. Philippi hat das nicht mehr erlebt, aber er hat zu seinen Lebzeiten auch nicht konsequent dagegen gehandelt, um eine solche Entwicklung zu verhindern. [104] Anhand der Pfarrchronik zeigt sich, dass August Jäger, der Wiesbadener NS-Jurist ein direkter persönlicher Gegner Philippis war. Das wird einer Annäherung Philippis an das neue Regime entgegen gewirkt haben.

---

[102] F.Ph., Aus der anderen Wirklichkeit, aaO.,81.
[103] Dietrich wird Bischof am 8. Februar 1934 der neugegründeten Kirche von Nassau Hessen.
[104] Hermann Otto Geißler,Ernst Ludwig Dietrich, Darmstadt 2012, 70.

Ein Tragekreuz aus dem Nachlass von Fritz Philippi. Er trug es in s einer Zeit als Feldgeistlicher.
(Archiv der Ringkirchengemeinde, vgl. das nächste Bild).

IV. Einsatz im Ersten Weltkrieg 1915 - 1918

Davon, dass Fritz Philippi Tagebuch geführt hätte, ist dem Verfasser nichts bekannt geworden. Umso überraschter war er über ein schmales schwarzes Bändchen aus dem Nachlass[105], das er beinahe übersehen hätte, weil nur wenige Seiten beschrieben sind. Es erwies sich aber als besondere Kostbarkeit, weil Philippi hier, nach Tagen geordnet, den Beginn des Ersten Weltkriegs ab dem 1. August 1914 schildert. Ob Philippi mit Kriegsbeginn vorhatte, ein Diarium dieser welthistori-

---

[105] Der Text ist – soweit entzifferbar - wegen seiner besonderen Bedeutung im Supplementband wiedergegeben.

historischen Epoche anzulegen? Wahrscheinlicher ist indessen, dass er diese Zeilen etwas später aus der Erinnerung verfasst hat, offensichtlich unter Hinzuziehung von Zeitungsartikeln dieser Tage. Trotz der Bemerkung, dass die Generalität wenig Informationen veröffentliche, weisen seine Eintragungen auf tagesaktuelle oder sogar künftige Kriegsschauplätze und –berichterstattungen hin.

Am Tage des Kriegsbeginns, am 1. August 1914 ist die Familie Philippi, Fritz, Elisabeth und vier Töchter im Urlaub und lebt im damals noch sehr kleinen Dörfchen List auf Sylt, Deutschlands nördlichste Gemeinde, an der Nordsee. Als die Familie List besucht, hat das gesamte Listland kaum 100 Einwohner. Philippi schreibt, dass im benachbarten Westerland bereits am ersten Kriegstag eine fluchtartige Abreise der Gäste stattgefunden habe. In seinem Notizbuch hält Fritz Philippi Erinnerungen an diese Zeit in kleiner Schrift lebendig. Es ist nicht auszuschließen, dass die Aufzeichnungen für eine geplante spätere Arbeit über den Krieg gemacht wurden. In jedem Falle sind sie ein einzigartiges Dokument, wie in wenigen Tagen ein zeithistorisch wacher Intellektueller zu einem glühenden Kriegsverehrer wird.

Zuerst zeigt sich die Lage am nördlichen Ende Deutschlands prekär: Die Züge fahren in Deutschland nur noch unregelmäßig, weil viel Transportmaterial vom Militär beschlagnahmt wird. Obwohl Philippi denkt, es sei besser, die ersten Tage des Krieges abzuwarten, erreicht ihn bereits am 2. August ein Telegramm aus Wiesbaden, er solle umgehend seinen Urlaub abbrechen. Das Familiäre und das Schicksal des Vaterlandes ist in den Aufzeichnungen zunächst kunterbunt vermischt. Nach vierzehn Tagen kommt die Familie nur noch am Rande vor. Die Sprache ist mangelhaft:

> Wir erfuhren, dass Deutschland ein Ultimatum an Russland gestellt habe. Das bedeutet den Krieg. Sollte es wirklich geschehen, daß der elenden Serben willen, wir in den schlimmsten Weltkrieg müssen? Der Gedanke ging mit auf Schritt und Tritt. Das Meer lag in silberweißen Nebelschleiern, da die Sonne in das Meer lächelte in Mäanderbrunnen (?) Frieden. Auf der Reede lag der Minenleger Albatross.

Der Minenkreuzer Albatross wurde 1907 in Dienst gestellt. Er wird in Schweden 1915 auf Land gesetzt nach einem Seegefecht mit russischen Schiffen, das 28 Todesopfer forderte. 1921 wurde er abgewrackt.
http://www.deutsche-schutzgebiete.de/sms_albatross_minenkreuzer.htm

Nicht zuletzt unter dem Eindruck der täglich steigenden Präsenz des Militärs und vor allem auch der maritimen Militärtechnik beginnt sich der hier zum Ausdruck gebrachte Schrecken über den Krieg zu wandeln. In der Tat ist Sylt aufgrund seiner exponierten Lage ein Aufmarschgebiet, zu dem erholungssuchende Badegäste nicht mehr recht passen wollen. Sie werden auch von hier zur Abreise gedrängt.

Gegen 6 [Uhr] tönten Sirenen. Wir horchten auf! <u>Mobil!</u>
Deutschlands Schicksalstunde hatte angebrochen. Vor Deutschland standen die Urelemente (?), ernst aber zuversichtlich. O du

junges Blut! Sie sagen das unverwüstliche Mutgebet[106], das ich ergreifender nie gehört habe.

Im ersten Moment überwiegt noch das Entsetzen vor kriegerischer Gewalt, ein Gedanke, der für Jahre verstummen wird. - Schon am zweiten Kriegstag fordert Elisabeth ihren Mann auf, als Feldprediger mit in den Krieg zu ziehen und Philippi seufzt förmlich auf: „O wie gern!"

Die Familie macht sich auf. Mit dem Schiff geht es zu einem Bahnhof, der Hindenburgdamm war noch nicht gebaut, der Zug bringt sie nach Hamburg, wo sie umsteigen müssen. Die Angst vor Attentaten ist dem Bericht ebenso abzuspüren, wie die Bewunderung dafür, dass Militär und Landwehr offenbar in kürzester Zeit alle strategisch wichtigen Punkte mit Posten besetzt haben. Als Familie Philippi in Wiesbaden eintrifft, hält die Gemeinde bereits Kriegsandacht. Der Zweifrontenkrieg zeichnet sich ab.

Die jüngeren Männer werden allenthalben eingezogen; es trifft auch den Gemeindehelfer der Ev. Ringkirchengemeinde, Hermann Bohr, der seit 1912 als Diakon seines Mutterhauses in Duisburg für die Jugend- und Armenpflege in der Gemeinde arbeitete.

Bruder Heine soll einrücken. Bohr, der Gemeindehelfer, hat notgeheiratet und verabschiedet sich.[107] Überall geben die Familien ihre Männerkraft[108] her. Es ist beinahe selbstverständlich. Am Abend 5 Uhr Sitzung in der Marktkirche. Hierin die Beschlüs-

---

[106] Vielleicht der Trivialname eines Liedes? Das Allgemeine deutsche Kommersbuch, das seit 1858 in den Studentenverbindungen genutzt wurde, enthielt in den frühen Auflagen viele martialisch patriotische Gesänge vor allem aus den napoleonischen Kriegen. Von Theodor Körner gab es z. B. das „Gebet während der Schlacht": „Vater ich rufe dich! Brüllend umwölkt mich der Dampf der Geschütze,..."
[107] Er wird nicht mehr von der Front zurückkehren.
[108] Könnte auch „Kummerkraft" heißen; - der Unterschied ist gering.

se des Pfarrkolleg gut geheißen werden. ... Kampferlösung. Zeit der Tat, der Geister. Herrgotts Zeit.

Nach der Meinung Philippis wird seine Frau infolge der Kriegsaufregung und der angespannten Reise krank und muss sich operieren lassen. Wir erfahren, dass Ausländer Wiesbaden verlassen müssen und dass Philippi sich in Heimatdiensten engagiert. Immer drängender äußert sich sein Wunsch an der Kriegshandlung beteiligt zu sein:

Man sorgt sich, es kann ja auch noch nichts passiert sein. Und deshalb wartet man. Er ist eine musterhafte Ruhe und Ordnung. Und die Begeisterung. Jeder möchte mittun. Auch komische Erscheinungen gibt's dabei. Die Kriegsgründe nennt Dr. Heils die sensationslüsternen Damen, die nun alle Kranke pflegen wollen. Eine an Basedow[109] leidende Mama, ein gutes armes Ding fragt mich um Arbeit. Was wird das für eine Kur werden.

Kriegsnachrichten und familiäre Erinnerungen wechseln sich ab. Dazwischen die Beobachtung, dass die geistlichen Angebote der Gemeinde bei den täglichen Kriegsandachten von zahlreichen Menschen genutzt werden, für die Gottesdienst und Abendmahl oft zum letzten Ritus vor dem Fronteinsatz werden, bzw. die ihre einberufenen Familienmitglieder in eine ungewisse, gefährliche Zukunft entlassen.

Liesel muß sich operieren lassen Auch das noch in dieser Zeit. Wie erhebend sind die Gottesdienste jetzt. Der erste Sieg gegen die Franzosen bei Mühlhausen[110] im Oberelsässischen. Als unser braver Dampfer Luise in der Themsemündung Minen streute. Kreuzerkampf. – Gesunken. Auf diesem Dampfer fuhren wir

---

[109] Die Basedow'sche Krankheit ist eine Autoimmunerkrankung der Schilddrüse, zum Teil am Kropf erkennbar, beschrieben unter diesem Namen seit 1840.
[110] Von militärischer Bedeutung wird die Schlacht von Mülhausen, die am 7. August 1914 beginnen wird.

SMS Königin Luise wird am 5. August 1914 beim Minenlegen in der
Themsemündung gestellt und von einem englischen Kreuzer versenkt.
http://www.deutsche-schutzgebiete.de/sms_koenigin_luise.htm

nach Helgoland[111]. Wie mags dort jetzt aussehen! Und in List.

Philippi gibt zahlreiche zeitungsvermittelte Details von den Kampf-
handlungen wieder und es ist seinem Bericht abzuspüren, wie sehr ihn
die militärische Gewalt fasziniert. Nicht jeder zieht mit Begeisterung
und Zuversicht in den Krieg:

> Die erste Kriegstrauung. ... Dr. Würt ist als Fahnen(junker) (?) der
> 80ger[112] eingerückt. Sagt mir Lebewohl. Glaubt nicht, daß er
> zurückkommt. Welche Zeit!

Am 12. August wird Philippis Frau operiert. Zwei Sätze nach diesem
Bericht schreibt er: „Wie gut habens die, die draußen dabei sind." Er
hat sich freiwillig gemeldet und freut sich, dass ein Oberst seine Mel-
dung befürwortet. Am 17. August fordert er von sich selbst „kaltes

---

[111] Bei Helgoland wird Ende des Monats eine Seeschlacht stattfinden.
[112] Das Füsilier-Regiment von Gersdorff (Kurhessisches) Nr.80 war für
Hessen-Nassau zuständig, Sitz in Wiesbaden und Bad Homburg.

Blut" angesichts der vorgeblichen oder tatsächlichen Feindpropaganda und dass es ihm schwer wird, solches kalte Blut zu bewahren. Der Krieg wird zum Ausweg, er kanalisiert alle Problembereiche der aktuellen Gesellschaft und bringt die innergesellschaftlichen Konflikte zum Schweigen. Nicht nur für Fritz Philippi erscheint dieser eskapistische Zug als positive Wendung. Der Frieden, der seit 1871 in Europa herrschte wird nicht als Idealzustand, sondern als Problem bewertet. - Das ist jetzt vorbei. Angesichts seiner kranken Frau kann Philippi nicht sofort weg, aber mit dem Herzen ist er bereits an der Front:

> Ich weiß nun immer noch nicht, was mit mir wird. **O wenn ich doch mit dabeisein dürfte.**
> Ich habe an die Lebensversicherungen geschrieben, ob sie im Kriegsfall m[eine] Versicherung aufrecht erhalten.
> Nun werde ich reiten lernen. Der Kaiser ist an der Front. Wenn wir siegen, ist er der erste Mann der Welt. Wie schlicht nahm er Abschied von Berlin.[113] Der braucht nicht zu zittern wie der Zar.
> – Es ist so still jetzt auf den Gassen, das macht die lebendige Mauer, die um das deutsche Haus steht. **Drinnen mit dabei zu sein!**

Nach dem 18. August hat Philippi sein Tagebuch wieder aufgegeben. Im Gegensatz zu einem Autor wie Ernst Jünger, dessen Tagebücher die Grundlage seiner literarischen Werke waren, entsprechen sie nicht

---

[113] Der schlichte Abschied: „Der Fortgang der kriegerischen Operationen nötigt mich, mein Hauptquartier von Berlin zu verlegen. Es ist mir ein Herzensbedürfnis, der Berliner Bürgerschaft mit meinem Lebewohl innigsten Dank zu sagen für alle die Kundgebungen und Beweise der Liebe und Zuneigung, die ich in diesen großen und schicksalsschweren Tagen in so reichem Maße erfahren habe. Ich vertraue fest auf Gottes Hilfe, auf die Tapferkeit von Heer und Marine und die unerschütterliche Einmütigkeit des deutschen Volkes in den Stunden der Gefahr. Unserer gerechten Sache wird der Sieg nicht fehlen." Berlin im Schloß, 16. August 1914. Wilhelm.

der Fabulier-Technik Philippis. Die Wirklichkeit ist ihm nur der Anlass für die Geschichten, die dann seiner Phantasie entspringen. Die Betrachtung schließt mit der Beschwörung, die bereits Kaiser Wilhelm vom Balkon proklamiert hatte:

> Alles Mannigfaltige ist jetzt untergegangen, alles Unterschiedliche sind verblaßt ... Du mußt ein Deutscher sein. Wir sind das Volk der Ordnung. Und das ist die Ordnung, der Wille zur Sache. Je höher die Wage der Begeisterung in die Höhe schnellt, je schwerer das Gewicht drückt auf die active Schale.

Diese Sachlichkeit wird 1924 im „Belial" Philippis zur Ursache des Unmenschlichen. Philippi wird die Versachlichung des Menschen als Werk der Teufel darstellen. Hier, 1914, ist sie noch das ideale Zeichen der deutschen Volksgemeinschaft und seiner Ordnung.

Neun Monate nach seiner Tagebucheintragung hat es Philippi geschafft. Er wird zwar nicht Soldat, aber als Feldgeistlicher berufen: Die 111. Division war erst wenige Monate alt, als Philippi im Mai 1915 als 46 Jahre alter freiwilliger Feldgeistlicher an die Westfront kommt.[114] Zu den ersten Eindrücken zählt die französische Frühjahrsoffensive, die sich gegen die gut eingegrabenen Stellungen bei der Vimy-Hügelkette richtete. Die französische Einsatzleitung wollte offenbar mit Artilleriefeuer die deutschen Stellungen erschüttern, aber auf der deutschen Seite ist „Durchhalten" Parole. Seit Oktober letzten Jahres war die Lorettohöhe in deutscher Hand, seit April hatten die Franzosen auf eine große geplante Aktion aufmerksam gemacht, indem sie den Feind mit Trommelfeuer eindeckten. Der Angriff der Franzosen und Marokkaner erfolgt auf ungeheurer Breite und hat zunächst Erfolg. Da dann nichts weiter erfolgt, kann die deutsche Reserve den Einbruch abriegeln und nach etlichem Hin und Her, gelingt es den Franzosen schließlich doch, die Lorettokapelle zurückzuerobern. Dann stockt das

---

[114] Vgl. Weckerling, aaO. 318.

Ganze. Für diesen geringfügigen Geländegewinn hat die französische Generalität mehr als 100.000 Menschen in den Tod geschickt. Mit diesem Szenario begrüßt die militärische Front den Feldprediger aus Wiesbaden, der einen geistlichen Einsatz unternimmt, der nach dem Reglement des Staates Preußen allein der Wehrkraftunterstützung dient. 1871 hatte die preußische Armee eine Dienstordnung für Militärseelsorge erlassen, die ab 1902 für das ge-samte deutsche Reich galt.

Dienstauftrag der – weitgehend im Staatsdienst stehenden – Geistlichen in Preußen war die Botschaft an die Soldaten, dass ihr Dienst für den Fortbestand Preußens unvermeidlich sei. - Schon der alte Kirchenlehrer Augustin war im Jahr 420 davon überzeugt gewesen, dass niemand die Berechtigung eines Krieges bezweifeln dürfe, der in Gottes Namen befohlen werde: „Was, in der Tat, ist denn überhaupt so falsch am Krieg? Dass Menschen sterben, die ohnehin irgendwann sterben werden, damit jene, die überleben, Frieden finden können? Ein Feigling mag darüber jammern, aber gläubige Menschen nicht. Gott befiehlt Krieg, um den Stolz der Sterblichen auszutreiben, zu zerschmettern und zu unterwerfen."[115]

Nach seinen ersten Kampferfahrungen – Philippi obliegen neben den Feldgottesdiensten vornehmlich die Bestattungen der Gefallenen – er beteiligt sich später zusätzlich als Sanitäter an der Bergung von Verletzten - wird Philippi seinem Posaunenchor an der Ringkirche nach Hause schreiben.[116] Er schreibt hier von „Joffre" und meint damit den Oberkommandierenden der französischen Streitkräfte in dieser Zeit,

---

[115] Zitiert nach: Markus Seemann, Katholische Feldseelsorge im Ersten Weltkrieg, Zum Thema, Magazin zum lebenskundlichen Unterricht, 1914-1918; Ausgabe 1.2014. Bis zum Ersten Weltkrieg hat sich diese Haltung des Kirchenvaters Augustins (354-530) offenbar wenig weiterentwickelt.
[116] Eine Abschrift des Briefes vom 19.10. 1915 wurde dem Ringkirchenarchiv übereignet. Wiedergabe stark gekürzt. Archiv der Ringkirchengemeinde, 1910 I B.

Joseph Joffre. Die von ihm genannten „Turkos" sind französische Truppen, deren Soldaten aus Algerien und Tunesien stammten, und die auf die wenig weltläufigen Deutschen sehr exotisch wirkten in ihrer arabischen Tracht. Der Ton des Schreibens ist etwas schnoddrig, das heißt heiter und sehr selbstbewusst. Er schreibt an die Jungen des Posaunenchors und möchte auch, dass sich seine Frau und Töchter keine Sorgen um ihn machen:

> Nun zum Erzählen, was ich erlebte. Das ist vielerlei, seitdem ich bei Euch war. Als ich zurückkam, war meine Stellung sehr unruhig geworden. Die Franzosen bereiteten einen Angriff vor.

> Wir liegen in einem Vorsprung südlich Arras, da wollte Joffre[117] durchstoßen. Es war einfach toll, das Geknalle Tag und Nacht. Am 24.ten begann die Beschießung der rückwärtigen Stellungen, Unterkunftsdörfer in der Front und so wurde, als ich gerade meine Mittagspause beendet hatte,- das hatte Joffre höflich abgewartet,- unser Schlösslein eingepfeffert mit 15 Zentimeter-Granaten, dass die Erdmännlein mit Geheul um uns aufsprangen, im Nu das Haus wackelte und die Scheiben zersprangen. Als ich gerade vors Haus trat, setzte sich solch ein schwarzer Mann aus der Luft herunter 20 Meter von mir auf die Straße. Von einer prachtvollen Blutbuche fünf Meter von mir brach er die mannsdicke Mitte ab. Die Splitterwirkung war überall am Hause zu sehen hernach. Eigentlich überwog bei mir die staunende Neugierde über die furchtbare Zerstörungsgewalt. Wir liefen aber Trab nach dem Unterstand, wo ich meine Zigarre zur Verwunderung des Brigadekommandeurs weiter rauchte und von ihm aufmerksam gemacht wurde, dass der Ärmel meiner Uniform aufgerissen sei. Das war von einem Granatsplitter.

---

[117] Joseph Joffre (1852 -1931) wird 1915 Oberbefehlshaber der französischen Armeen, weil er den Vormarsch der Deutschen an der Marne gestoppt hat. Glücklos wird er 1916 wieder abgelöst.

Und ich war so wie durch ein Wunder heil geblieben. Der Tod hatte mich am Ärmel gestreift. Einige 200 Granaten, darunter ziemliche Blindgänger, Mordsbengel, machten Krach – Bum! über unsere Köpfe die ganze Nacht hindurch. Anderen Tages um zwei Uhr mittags plötzlich - Totenstille. Der Angriff begann. Turkos[118] voran, mit französischem Maschinengewehrfeuer vorgetrieben, dann die Franzmänner. Aber aus den eingebauten Gräben, wo auf jedem Meter zehn bis 12 Granaten untergebracht waren, tauchten unsere grauen Erdmänner auf, die sich in tiefen Stollen geborgen hatten. Und die Braven, die im Höllenfeuer ca. 50 Stunden schon gelegen hatten, schlugen die Feinde ab. 65 Tote habe ich dann am 27.ten begraben. Die Franzosen hatten mindestens 1200 Tote.[119]

Da habt Ihr eine kleine Ahnung davon, was das heißt im Tagesbericht, „die Stellung wurde gehalten", oder wie es diesmal lautete, „Südlich Arras wurde der Angriff leicht abgeschlagen."

Ich hatte mich natürlich um die Verwundeten und Sterbenden zu kümmern. Das heulende Eisen in der Luft war oft bedenklich nahe, wenn man unterwegs war. Alle Wege wurden von der feindlichen Artillerie unter Feuer gehalten und die schießt ganz vorzüglich. Das sagt hier jeder. ...

Nun habe ich auf dem Hauptverbandplatz viel Elend gesehen, das mit zusammengebissenen Zähnen Schmerzen ertrug. Hochachtung, Jungens, vor unseren Feldgrauen! ...

So, und nun Schluss für diesmal. Mein Gaul steht oben auf dem Erdboden. Heute ist Nebel. Da kann ich bis in die vorderste Stel-

---

[118] Vgl Wikipedia Art. Turkos, abgerufen 30.10.2016.
[119] Die Entente Staaten verlieren 1915 eine Million Soldaten.

lung reiten. Die Büchse hänge ich auch um, für den Fall, dass mir ein Hase über den Weg läuft. Soviel Wild habe ich noch nie gegessen. …

Gebt den Brief auch der Frau Pfarrer, dass sie ihn auch den Mädchen vorliest. …

Hoffentlich zankt ihr euch auch nicht mehr um Albernheiten.
… ich grüße euch alle von Herzen,
Euer Pfarrer und Freund Fritz Philippi

Im Stil dieses Briefes liegt etwas Draufgängerisches und Lausbubenhaftes, und erinnert an den Stil, mit dem der Superstar der deutschen Soldatenhitliste, Freiherr Manfred von Richthofen 1917 seine Abenteuer schildert. „Der rote Kampfflieger"[120] wird von einem jungen Mann, zeugen, der das Abenteuer seines Lebens besteht, ohne Angst, ohne Grübeln, ohne Verantwortung außer für sein eigenes Leben – und vielleicht dann auch noch für die fliegenden Maschinen, denen er so viel Aufmerksamkeit zollt. Er schreibt:

Nachdem ich meinen Patronenkasten von hundert Schuß verschossen hatte, glaubte ich meinen Augen nicht trauen zu können, wie mit einem Male der Gegner in ganz seltsamen Spiralen niederging. Ich verfolgte ihn mit den Augen und klopfte Osteroth auf den Kopf. Er fällt, er fällt, und tatsächlich fiel er in einen großen Sprengtrichter; man sah ihn darin auf dem Kopf stehen, Schwanz nach oben. Auf der Karte stellte ich fest: fünf Kilometer hinter der jetzigen Front lag er. Wir hatten ihn also jenseits abgeschossen. In damaliger Zeit wurden aber Abschüsse jenseits der Front nicht bewertet, sonst hätte ich heute einen mehr auf meiner Liste. Ich war aber sehr stolz auf meinen Erfolg, und im

---

[120] Manfred von Richthofen, Der rote Kampfflieger, Ullstein Verlag, 1917. Vgl. http://gutenberg.spiegel.de/buch/der-rote-kampfflieger-3132/1

übrigen ist es ja die Hauptsache, wenn der Kerl unten liegt, also nicht, daß er einem als Abschuß angerechnet wird.[121]

Ähnlich möchte auch Philippis Brief nassforsch wirken und unerschrocken. Unerschrocken waren alle Kriegslieder gewesen, die er zuvor im friedlichen Wiesbaden verfasst hatte. Dass das Leben Tausender von Menschen zerstört wird, wenn die von Preußen geführte gesamtdeutsche Armee gegen die Franzosen kämpft, das war ihm als Bürger, ehemaligem Soldaten und denkendem Zeitgenossen klar. In der Sicht der frühen Kriegszeit erschien ihm vermutlich noch jeder Tote gerechtfertigt, wenn er mit seinem Tod den Sieg des Heeres vorbereiten half. Offenbar ist der preußische Trend, die Erosion des christlichen Glaubens durch eine nationalistische deutsche Ideologie zu ersetzen, auch bei ihm auf fruchtbaren Boden gefallen.[122] - An der Westfront draußen lief der Hase dann ganz anders als geradeaus zum Sieg. Er schlug den Haken einer Kampfweise, die in einem ständigen Hin und Her bestand: Kurzer Landgewinn, kurzer Geländeverlust, wieder Vorrücken, erneutes Zurückziehen. Im Gegensatz zu den lakonischen Tagesberichten bedeutete jede solcher Bewegungen Tod und Verderben über jedes Mal Dutzende Soldaten – drüben wie hüben.

Bei großen – geplanten – Angriffen wurden die Feldgeistlichen ins Hinterland gebracht und sollten dort in der Etappe auf den Ausgang warten. Philippi schildert in einem Beitrag im nassauischen „Evangelischen Gemeindeblatt", dass er sich freiwillig dem Sanitätsdienst unterstellt habe, da die Feldgeistlichen mit allem militärisch nicht notwendigen Personal – bei großen Angriffen in die Etappe geschickt würden. Als Sanitäter konnte er an der Front bei den Soldaten bleiben. Philippi beteiligte sich beim Transport von Verletzten, um den in Lebensgefahr kämpfenden Frontsoldaten nahe zu sein. Dass dies auch für ihn akute Lebensgefahr bedeutete, hat er in Kauf genommen.

---

[121] Richthofen, Kampfflieger, Gutenberg cap. 18.
[122] Michael Stürmer, Das ruhelose Reich, aaO., 136.

In einer seiner schwächsten Erzählungen, „Wie es dem Doktor Allwissend im Club der alten Hunde erging"[123], die mitten im Krieg für die Zeitschrift „Jugend" entstand, schildert Philippi 1917 seine Arbeit am Hauptverbandsplatz:

> Die Kirche sitzt wie eine frierende graue Henne, vor ihr stehen graue Lindenbäume und sträuben die kahlen Wipfel. Drinnen in der Kirche aber sind Lagerstätten mit dunklen Wolldecken reihenweis hergerichtet, und von den hastig aufgestellten Öfen „qualmt Rauch und erfüllt den eckigen Raum mit bläulichen Schleiern, unter denen die hingelagerten Verwundeten hausten. Der Altarraum ist der Ort, wo eine ungewohnte Art Ordensleute in weißen Operationsmänteln mit den Zeichen des Opferblutes ihres Amtes walten vor dem Hochaltar, vor dem herab die Heiligen mit goldenen Kronen hier regungslos zuschauen, in klobiger Neugierde oder in listigem Staunen. Vielleicht auch beten sie heimlich und ununterbrochen gegen uns, die wir Fremdlinge sind im Feindesland.

Die Erzählung, aus der diese Zeilen stammen, zeigt nicht einen selbstbewussten Militär, sondern einen verunsicherten Menschen, der sich dem grobschlächtigen Sanitätspersonal angepasst hat. Er gehört einerseits nicht ganz dazu – und – in der Haupthandlung - andererseits verachtet er wie die „echten" Kameraden einen Dritten, der als Kampfberichterstatter für eine Zeitung an der Front ist. Die „echten" Militärs können ihm nicht vergeben, dass er sich in Gehabe und Tonfall dem rauen Haufen der Frontsoldaten anpasst. Die Schwäche der Erzählung ist, dass der Erzähler seine persönliche Betroffenheit nicht unter Kontrolle hat und den Eindruck einer „beleidigten Leberwurst" macht. Auch in zahllosen Reportagen, die Philippi von der Front nach Hause schickt, ist er distanzlos und wenig literarisch.

---

[123] F.Ph., Wie es dem Doktor Allwissend im Club der alten Hunde erging. Beitrag in „Jugend" (22. Jahrg., Heft 12, Seite 226ff), München, 24. März 1917. Supplementband, 185.

Fritz Philippi als Feldgeistlicher mit Rotkreuz-Binde und Kreuzeskette (vgl die letzte Abbildung) - und Hund. (Foto aus dem Privatbesitz von Thomas Philippi und Christiane Philippi-Stahl)

Philippi wandelt seine Profession in diesen Monaten ähnlich wie ein Jahrzehnt zuvor Albert Schweitzer, der als erfolgreicher Theologe seit 1905 Medizin studiert hatte und 1913 nach Afrika zog, um dort als Arzt zu wirken. Philippi wird sich auch im Krankentransport bewähren. Für diese erfolgreiche Arbeit werden ihm drei militärische Auszeichnungen zuteil. Diesen verborgenen Dienst an der Front verewigt er in der genannten Erzählung: [124]

Wir wußten, was die Hunde bei der Sanitäts-Kompagnie taten, und daß sie mit ihrer Treue manchem Menschen das Leben gerettet. Warum sollten wir ihnen nicht einmal umschichtig eine Ehre antun? Kavaliere wir und gute alte Hunde! Warum nicht? Kein Fremder brauchte uns zu verstehen, aber wir im Bund verstanden es. Als Kavaliere gehen sie hin, die Offiziere mit ihren Krankenträgern, an die Front und heben das blutende junge Leid auf und bringen es zum Hauptverbandsplatz, wo die andern Kavaliere unterm Hochaltar warten, behutsam das Ohr legen an die keuchende Brust der Verwundeten; und wo sie die Säge müssen knirschen lassen, senden sie erst wohltätigen Schlaf über

---

[124] Dr. Allwissend, aaO., Supplementband, 189.

die bleichen Lider. Kavaliere allesamt!

Mit solchem todesmutigen Einsatz leistet Philippi zweifelsfrei gute Taten an den Körpern verwundeter Soldaten, statt sie geistlich zu erbauen. Die Tage an der Front haben ihm gezeigt, dass die jungen Männer zum Opfer einer gewaltigen, technisch perfektionierten Todeswalze wurden. Sie bekamen gar nicht die Chance, im Sinne der allenthalben – auch von ihm, Philippi – publizierten Kriegslyrik von 1914 einen mannhaften Kampfesmut zu beweisen, der ihren frühen „Heldentod" im Namen des Vaterlandes nach herkömmlicher Auffassung noch hätte rechtfertigen können.

Über das militärische Opfer schreiben, wenn man zuhause vom glänzenden Sieg träumt, - oder Hunderte und dann Tausende von jungen Männern, halbtot oder verletzt bergen und schließlich die Kriegstoten bestatten, das macht einen Unterschied. - Das lässt die Tinte der Siegesgewissheit verblassen und überführt ihren Geist der Lüge. Draussen in den verregneten Matschwüsten der Schützengräben werden die heroischen Worte einen anderen Klang bekommen haben.

Das folgende Gedicht aus der Christlichen Welt wird 1915 im Gedichtband „Die heimliche Stille" abgedruckt:

Welt-Deutschland[125]

Spalte 859

Ich schau eine lebende Mauer,
gebaut ums deutsche Haus.
Das liegt wie Gottes Garten,
umfriedet im Wettergraus.

---

[125] „Die heimliche Stimme", Otto Rippel, Hagen, 22. Das Lied erinnert – obwohl 15 Jahre älter - an das spätere Horst-Wessel-Lied der NSDAP (1929), das ein ähnliches Metrum hat. Inhaltlich ist es davon auch nur noch wenig entfernt: „Denn heute da hört uns Deutschland und morgen die ganze Welt…"

Ich höre gewaltige Schritte
Und neige die Stirne still.
Ich lausche dem neuen Welt-Deutschland,
das ehern kommen will.

Die Erde muß drob erzittern.
Die Länder müssen schrein.
Die Gewalten geraten in Aufruhr.
Die alte Zeit stürzt ein.

Die Welt, da beengt im Winkel
Der deutsche Gedanke saß:
Jetzt wird die Welt gemessen
Der Rock nach deutschem Maß.

Soweit unsre Schwerter blitzen,
soweit fließt deutsches Blut,
wird künftig der Erdkreis gegeben
in deutscher Arbeit Hut ...-

Ihr Toten sollt ruhig schlafen.
Ihr schuft einen großen Tod –
Für euch und den Kindern ein Leben,
erlöst von verfluchter Not.

Das Gedicht ist einerseits von der offiziell geltenden Kriegsursache durchdrungen, eine Welt von Feinden habe sich gegen Deutschland verschworen, und andererseits gibt es die Hoffnung wieder, dass der Krieg das zerrissene Vaterland eint und alle Not überwindet. Einerseits ist die Haltung Philippis nachvollziehbar. Er will junge Männer zum Einsatz für das Vaterland gewinnen, indem er mit fast paradiesischem Lohn lockt, aber andererseits klingt hier ein deutscher Chauvinismus an, nach dem am deutschen Wesen die ganze Welt genesen soll. Dieser wird später im Nationalsozialismus eine neue propagandistische Qualität erlangen – wiederum um junge Männer zu Soldaten zu machen. - Die offizielle Kriegs-Doktrin für den Ersten Weltkrieg hatte bei Philippi durchschlagenden Erfolg. – Das kaiserliche Deutschland gab sich als völlig unschuldig am Krieg und bedroht vom Rest der Welt. Am schwersten ist wohl, die eigene Propaganda zu überwinden, nach der Philippi daran glaubte, dass die deutschen Individuen am Tag des Kriegseintritts abgestorben seien und das deutsche Volk wie ein Mann in Waffen auferstanden sei.[126] Diese Konstruktion hält sich von Äußerungen im Krieg bis in die Mitte der zwanziger Jahre. Eine Revision dieser ins Religiöse überhöhten Vorstellung wurde ihm auch darum schwer, weil genau diese Ansicht von den aufkommenden Nationalsozialisten geteilt und propagiert wurde. Ian Kershaw schreibt:

> ... die NS-Propaganda verknüpfte die Dämonisierung der politischen und rassischen Feinde mit einem vage gehaltenen, aber außerordentlich wirksamen emotionalen Ruf nach nationaler Erneuerung und nationaler Einheit. Sie erinnerte an die nationale Einheit, die 1914 (kurz) bestanden hatte, die ‚Schützengrabengemeinschaft' der Frontsoldaten im Krieg – all das mit dem erklärten Ziel, eine ‚Volksgemeinschaft' ethnischer Deutscher zu schmieden, die alle inneren Spaltungen überwinden werde.[127]

Es kennzeichnet die Liberalen im kirchlichen Konzert der theologischen Kräfte, dass ihre Offenheit sie zur Auseinandersetzung zwang mit den zahlreichen Ergebnissen, die die fruchtbare wissenschaftliche Arbeit ihrer Zeit – in allen Fächern – hervorbrachte und damit zu ernstzunehmenderen Gesprächspartnern unter Gebildeten machte, dass sie damit aber auch offen waren gegenüber spekulativen Geschichtsbildern und modischen Deutungen, die sie zuweilen ungeprüft übernahmen. Damit ist sie die theologische Partei, die das christliche Bekenntnis zum Gegenstand von Modeströmungen werden lässt.

---

[126] Vgl. z.B. F.Ph., Front und Kirchlichkeit, Christliche Welt, 1916, Sp. 102ff. Aus der anderen Wirklichkeit, 81. Auch Paul Althaus habe den Kriegsbeginn religiös überhöht, Ericksen, aaO. 122f.
[127] Ian Kershaw, Höllensturz, München, 2016, 297.

Philippi wird als frisch gewählter Dekan im Dezember 1930 auch die antisemitische Tendenz der aufkommenden Nationalsozialisten nicht bekämpfen, sondern als Diskussionsgrundlage beurteilen.[128] Er kennt eine stramm völkisch ausgerichtete Theologie aus Beiträgen der „Christlichen Welt". Dort hat er selbst Werke von Arthur Bonus rezensiert, deren Scharfsinn er immer hoch achtet, wenn dieser eine „Germanisierung des Christentums" forderte. Bonus nahm damit das Programm der späteren „Deutschen Christen" vorweg. Inhaltlich hat Philippi die Position von Bonus abgelehnt.[129]

In den erheblichen Auseinandersetzungen um die Geistesrichtungen, die Einfluss nehmen sollten auf die politische Gestaltung Deutschlands, zeigt sich der Krieg zunächst als großes eskapistisches Ereignis, das über alle Konfliktzonen der Friedenszeit hinweg schweben lässt und die große nationale Einigung auf militärischem Wege verwirklicht – allerdings um den Preis des katastrophalen Kriegsausgangs. Eine Katastrophe war dieser Krieg zunächst für den Ruf Deutschlands in der Völkerfamilie, dann aber auch im Sinne der militärischen Niederlage, die die Fortexistenz des Landes infrage stellte. Als die Niederlage im Krieg für Philippi unausweichlich erkennbar wird – er braucht dafür sehr lange – interpretiert er die Bedeutung des Krieges um. Hatte er zunächst – ausweislich seiner Kriegsgedichte und anderer journalistischer Arbeiten aus der Zeit an der Front - darauf gesetzt, dass das Volk opferbereit in siegreicher Stärke aufersteht, sucht er nun eine symbolisch-theologische Umdeutung des bewaffneten Kampfes: Durch den Krieg solle für alle Völker erkennbar werden, dass der Geist gegenüber dem Materialismus siegen müsse.

Der Krieg macht zugleich ein Europa sichtbar, das sich in nationalen Ideologien verbunkert hatte und die „Nation" als aggressiven Religionsersatz gebrauchte. Als Sanitätssoldat beim Krankentransport

---

[128] Hermann Otto Geißler, Dietrich, aaO., S. 63.
[129] Vgl. Philippi, „Die Kirche" von Arthur (!) Bonus, Die Christliche Welt, 1910, 1015. Philippi: „Arthur (!) Bonus", Zur Germanisierung des Christentums, 1912, Sp. 840ff.

kann Philippi einer inhaltlichen Auseinandersetzung über den Krieg oder dessen Bewertung ausweichen. Die Nation ist an die Stelle des göttlich Heiligen getreten, für das sich schlechterdings zu sterben lohnt. Noch einmal Philippi in o.g. Erzählung von 1917, in der er dem militärischen Krankentransportwesen ein Denkmal setzt:

> Wenn er wenigstens von unsern braven, oft verkannten Krankenträgern erzählen wollte, was die leisten mit ihrem Tragen Tag und Nacht im knietiefen Schlamm und unter steter Lebensgefahr! Dann wollten ihm die alten Hunde danken und ihm nachträglich gut sein. [130]

Was er von dem Kriegsberichterstatter verlangt, ist die Heldenverehrung derer, die an den unterschiedlichen Stellen des militärischen Apparates in die Nachfolge dieser national eingefärbten Christusidee eintreten. In einer martialischen Kriegspredigt, die Philippi schon zuvor in der „Christlichen Welt" veröffentlichen ließ, erteilt Gott dem deutschen Soldaten den Auftrag, eine Spur von Feuer, Mord und Gewalt über den Feind zu bringen:

> Stirb und werde! Kein Anfang ohne Ende zuvor. Keine Schöpfung ohne Untergang. Kriegsleute! Zuweilen greift es euch schaudernd ans Herz: Ihr habt das nicht gewollt, was eure Hände tun mußten und eure Augen sehen. Und allen voraus hat unser Kaiser in jahrzehntelanger Friedensarbeit nichts anderes gewollt, als der Welt den Frieden erhalten. Die Geschichte wird das festhalten mit ehernem Griffel trotz aller Lügen unserer Feinde: Deutschland hat seine Macht nie mißbraucht zur Bedrohung fremder Unabhängigkeit. Es ist das Volk, das den einmütigen Gedanken zum Krieg bis zur letzten Unerbittlichkeit nur faßte im Kampf gegen seine Vernichtung, als die Frevler ringsum Vorteil haben wollten durch Deutschlands Sterben. Wir haben das Feuer nicht zünden wollen. Aber nun müssen wir hindurch! Nun zünden wir ein Kriegsfeuer, daß allen Brandstiftern angst und bange

---

[130] F.Ph., Dr. Allwissend, aaO. Supplementband, 197.

wird.(!) Mögen sie uns heißen in der schreienden Wut der Unter-
legenen, wie sie wollen. Wir müssen hindurch durch das Feuer
auch ihrer Gräuelworte und allen verleumderischen Hass. Wir
müssen uns schmähen lassen, daß wir in den Mitteln grau-
envoller Vernichtung im Krieg der Minen und der Handgranaten
jetzt Meister sind.[131]

Eine solche Predigt wirkt in heutigen Friedenszeiten schauerlich. Für
die Bewertung solcher Worte sind allerdings Kriegspredigten dieser
Zeit heranzuziehen, die sich auch bei Theologen im friedlichen Hei-
matdienst zuweilen nicht viel menschenfreundlicher ausnehmen.
Philippi steht mit solchen Tönen nicht allein.[132]

Am 10. Februar 1916 erläutert Philippi seine Bewertung des Krieges:
In einem Beitrag für die „Christliche Welt" klagt er über die Freiheits-
beraubung im Stellungskrieg und kommt dann zu einer unvermuteten
Betrachtung, die das Eskapismus-Motiv des Krieges unterstreicht:

Der Krieg war und ist für die Kirche vorerst „gute Zeit". Vor dem
Krieg gescholten von rechts und links, ausgesprochen unpopulär
bei der Masse, angefeindet von einer lebhaften Kirchenaus-
trittsbewegung[133], war sie bescheidentlich angewiesen auf die
Beteiligung eines Bruchteils der Gemeinde. Und unbarmherziger
Spott hat einmal gesagt, daß in manchen Gegenden an gewöhnlichen Sonntagen der Gottesdienst unter Ausschluß der Öffentlichkeit stattfand. Jedenfalls war die Kirche nur an kleine Da-
seinsfreuden gewöhnt. Vom hohen, starken Leben der Zeit wurde
sie links liegen gelassen. Das wurde anders, wie durch eine Ver-

---

[131] F.Ph., Ich bin gekommen, ein Feuer anzuzünden auf Erden! Feldpredigt
über Lk. 12, 49, , Christliche Welt, am 12. August 1915, auf der Titelseite,
Sp.633ff.
[132] Vgl. Wiesbadener Kriegspredigten, Wiesbaden, 1914.
[133] Zum Beispiel der Monistenbund Ernst Haeckels bemühte sich darum,
die Symbolik des christlichen Glaubens durch biologistische Rituale zu
ersetzen...

wandlung, als der Krieg ausbrach. Da läutete auf einmal der alte Kirchturm mit neuen Glocken. Wenigstens hörte sichs so an. Die Menge wurde anderen Sinns und drängte sich an der gemiedenen Stätte.[134] Durch die Kirchenhalle flutete wieder einmal der breiten Strom des Lebens, und all die Lebensschifflein, die hinausgetragen werden sollten ins Meer des Geschehens, wollten erst noch einmal anlegen an den Stufen des Altars. Welch eine Zeit! Uns Pfarrern schlug das Herz bis in den bebenden Klang der Stimme.[135]

Philippi zeichnet ein Bild, auf dem sich die Kirche freut, wenn die Angst und nicht der Glaube die Menschen zum Altar treibt. Sie rechtfertigt, was den Menschen Angst macht, um ein volles Haus zu erleben! Den Pfarrern klopft das Herz bis in die Kehle, weil die Kirche in den Kriegsandachten – in Wiesbaden zunächst täglich – Tausende erreicht. 1916 werden die Kriegsandachten ausgesetzt. Wir vermuten, dass schon länger zuvor der Andrang nachgelassen hat: Auch Gebete und das Bangen um junge Menschen haben den Tod Tausender nicht verhindert und den Sieg nicht näher gebracht. Im Jahr 1919 wird Philippi die Kirchenglocken ihren Rückblick auf den Krieg sprechen lassen, die zur Metallgewinnung zerstört und eingeschmolzen worden waren: „Wie Opfertiere wurden sie geschlachtet für's Vaterland…" Philippi tritt dieser Opferideologie nicht entgegen im Sinne eines Schöpfergottes, der sein Geschöpf zu schützen sucht, sondern beendet sein Gedicht mit einem fatalistischen: „Es mußte sein!" [136]

Die Einsicht, ein Zerrbild deutscher Nationalpolitik, die reichsdeutsche Kriegspropaganda und eine vom Krieg beeinflusste Theologie in ein mörderisches Konzept verwandelt zu haben, - die Einsicht, sich zum Sprachrohr derer gemacht zu haben, die junge Männer wie Schlachtvieh an die Front trieben, wo sie zu Tausenden umkamen,

---

[134] Z.B. in der Wiesbadener Ringkirche bei täglichen Kriegsandachten bis 1916.
[135] F.Ph., Front und Kirchlichkeit, „Die christliche Welt", 1916, Sp. 102.
[136] Siehe unten.

diese Einsicht fällt später der Kirche schwer und sie fällt auch Philippi schwer.

Ein Fall dessen, was der Gießener Philosoph Odo Marquard[137] im Hinblick auf die Theodizeefrage des 18. Jahrhunderts beschrieben hat:

> Die Geschichte ist so ... die Flucht nach vorn in das absolute Anklagen...; ihr – nur wenig später ‚Dialektik‘ genanntes - Bewegungsgesetz der geschichtlichen Avantgarde ist, angesichts der Übel, die Flucht in das schlechte Gewissen, das man für die anderen *wird*, um es die anderen *haben* zu lassen, damit man es selber nicht mehr zu haben braucht:
> Man entkommt dem Tribunal, indem man es wird; und der große moralische Empörungsaufwand, der dabei getrieben wird, ist nur die Gegenbesetzung gegen das, was nicht mehr zu sein, sondern nur noch zu *richten* durch diese Flucht prekär gelingt. Die Geschichte ist so – geschichtsphilosophisch – die *Dauerflucht aus dem Gewissenhaben in das Gewissensein.*[138]

Fritz Philippi schreibt als ein solches Gewissen nach dem Krieg von einer neuen Menschheit und dass sie das Opfer der Gefallenen rechtfertigt, wenn sie sich dem Göttlichen zuwende. Er benutzt mehrfach das Bild, Kirche solle zum Gewissen „werden". In dem Roman „Erdrecht", beschließt Pfarrer Weidhaas: „Wie es auch kommt, ich will das Gewissen im Dorf sein."[139] Eine Rolle, in der sich die Kirchen bis heute gefallen, wenn sie ihre „gesellschaftliche Verantwortung" wahrnehmen. Philippi zeigt sich hier durchaus kirchenpolitisch zukunftsfähig. -

---

[137] Odo Marquard (1928-2015) lehrte Philosophie an der Universität Gießen von 1965 bis 1993.
[138] Odo Marquard, Der angeklagte und der entlastete Mensch. In: Abschied vom Prinzipiellen, Reclam, Stuttgart, 1981, 57.
[139] F.Ph., Erdrecht, Leipzig, 1922, 108.

Zuhause in Wiesbaden kommt im September 1915 ein Schreiben des Magistrates an, das die Ringkirchengemeinde, und alle Deutschen auffordert, alle Kupferrohre und Kupferabdeckungen zu melden. Man wolle keinen Zwang ausüben – mit Rücksicht auf das Ausland – jedenfalls zunächst![140] Bald sollten auch die Glocken dem Krieg geopfert werden, damit Deutsche den Franzosen das antun können, was sie ihnen tun, zu beider Schaden. Am Ende des Krieges klaffte eine Leere, oben im Glockenturm, von dem zwei Glocken für den mörderischen Einsatz eingeschmolzen wurden.

Nach dem Krieg erinnert Philippi an dieses Ereignis, das 1915 begonnen hatte und in der Glockenabgabe 1917 endete: Für die Festschrift, die Heinrich Schlosser anlässlich des Vierteljahrhunderts „Ringkirche" schrieb, hat Philippi 1919 ein Gedicht einrücken lassen, das um die gleiche Zeit auch in der „Christlichen Welt abgedruckt wurde:[141]

Die letzte Glocke

Die Stimme einer Glocke bin ich. Ratet, welcher?
Weil Menschen gerne Rätselrater sind.
Ich bin auf meinem hohen Turmgestühl mit Dohlen
allein; Zwiesprach mit mir hält nur der Wind.
Doch hat er niemals Zeit.
Hört Ihr mich an? Fühlt Ihr die Einsamkeit
mir nach? Die Glocken sind ein Menschenmund
von Erz. Und wie die Stimme Gottes widerhallen

---

[140] Das Schreiben – samt dem nicht ausgefüllten Erhebungsbogen vom 25.9.1915 befindet sich im Archiv der Ringkirchengemeinde, 1909-5
[141] Heinrich Schlosser: Festschrift, 1919, a.a.O., Ring Edition, Wiesbaden, 2006, 3-5. // Die Christliche Welt, Marburg, 1919, Sp.643.

Propheten, geben ehern wir gewaltig kund,
was Herzen fühlen, in der Töne Wallen.
Drum sind wir ungern nur allein.
Ich aber bin's! …

Ich war es nicht. – Es musste sein!
Die Glockenstühle neben mir sind leer,
verwaist. Sagt ich, warum? Wär mir's zu schwer.
Zuviel auf einmal möchte himmelwärts
und zu der Erde mit der letzten Stimme Laut
zu Worte kommen. Mir zerbräch das Erz …
Im Dreiklang mit den Schwestern hätt' ich's mich getraut. –
Wie klang so mächtig das Geläut wie Flügelschlagen
von Riesenvögeln, wie ein himmelstürmend Wagen
flog es vom Horst. Und wenn zurückgekehrt
zum Turm die ehr'nen Vögel und gelegt die Schwingen,
dann hatt' die Menschheit sich und Gott gehört!
Und alle weiten Fernen mußten klingen
von Krieg und Sieg, …
von Not und Tod, …
bis an der hohen Bergesmauer
der Ton verklang von Freud und Trauer …
So war's, als sollt' es ewig sein.

Dann kam der Tag … Und dann war ich allein!
Es kam ein Tag mit hartem Schritt gestiegen,
wie Schicksal kommt. Ein Wille hob die Faust.
Wir hielten still und haben stumm geschwiegen.
Es schlug die Uhr … Da hat es mich gegraust!

Und dann geschah's. Ihr habt's gehört. Vergeßt es nie!
Wie mein Geschwisterpaar im Sterben schrie.
Habt Ihr es nie gewußt, damals hat's Euch durchschauert;

„Lebendig sind die Glocken!" Drum, als man getrachtet
nach ihrem Leben, hat das ganze Volk getrauert.
Wie Opfertiere wurden sie geschlachtet
für's Vaterland ... Seitdem bin ich allein ..
Es mußte sein!

Seitdem ging's niederwärts im Land. Doch auch seitdem
Hab' ich beim Läuten Eines stets im Sinn:
Den Tag, der mir beschert wie Bethlehem,
was mich erlöst, damit ich nicht mehr einsam bin.
Ich rufe nach den Schwestern immerzu.
Ich trauere in meiner hohen Ruh. – -
Ihr Menschenkinder! Was die letzte Stimm' erzählt
vom Tag der Wiederkehr der hohen Glocken,
wollt Ihr's?! – Dann ist noch einmal schicksalstief vermählt
das Erz mit Menschenherz, Euch himmelauf zu locken.
Wir läuten Zukunft Euch in Land und Stadt.
Nie ist ein Volk verloren, das noch Glocken hat!"

Philippi lässt das Gedicht aus der Perspektive der Glocke sprechen. Er vergleicht den Glockenton mit den biblischen Propheten, die zwar Menschen sind, aber Gottes Willen verkünden. So brächten die Glocken das zum Ausdruck, was menschliche Herzen empfänden. Und wie Menschen nicht gern allein sind, so bleibt auch die letzte verbliebene Glocke im Ringkirchenturm nicht gern allein. So erinnert sie sich an den Dreiklang aller Glocken in Friedenszeiten, der im Namen der

Menschen und im Namen Gottes geklungen habe. Die Glocke erinnert sich an den Schrei ihrer Schwesterglocken, als sie zerschlagen wurden, bevor man sie vom Turm holte. Ihre Zerstörung wird mit dem Tod gleichgesetzt: „Wie Opfertiere wurden sie geschlachtet." Ob Philippi den Schrei der Glocken mit dem Getöse der Kanonen im Stellungskrieg assoziiert, ist nicht ganz gewiss, aber denkbar. Die Zukunft wird hier zwischen Glocken und dem deutschen Volk analog gesetzt: Wenn wieder drei Glocken vom Turm erklingen, hat auch das deutsche Volk Zukunft gewonnen. Hier deutet sich die Haltung des Kriegsheimkehrers Philippi an, dass der verlorene Krieg allein dadurch seine Rechtfertigung findet, wenn er Deutschland und die Welt zu Christus hin bekehrt. Das Glockengedicht ist die noch wenig konkrete Reaktion auf den verlorenen Krieg. Es bleibt mehr Metapher, als dass es Philippis Kriegserfahrung widerspiegelt. Fast scheint es, als habe er mehr Mitleid mit den erzenen Glocken als mit den lebenden Soldaten, die ebenso zum Opfer des Krieges geworden waren.

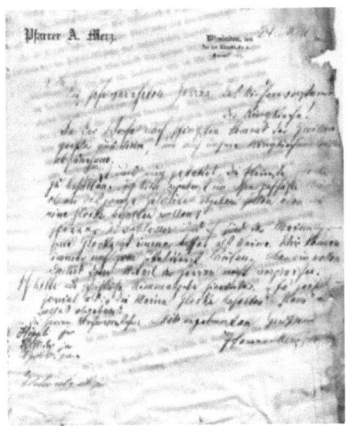

Schreiben von August Merz zu den Glocken vom 24. Mai 1917 an die Kirchenvorsteher der Ringkirche. Der Wortlaut:

In der Woche nach Pfingsten kommt der Glockengießer aus Sinn, um auch unsere Ringkirchenglocken abzunehmen. Es ist uns nun gestattet, die kleinste Glocke zu behalten. Ich bitte ergebenst um Ihre geschätzte Meinung, ob wir das ganze Geläute abgeben sollen, oder die eine Glocke behalten wollen? Pfarrer D. Schlosser und ich sind der Meinung: Eine Glocke ist immer besser als keine. Wir können immer noch zum Gottesdienst läuten. Aber wir wollen damit dem Urteil der Herren nicht vorgreifen. Ich bitte um schriftliche Stimmangabe hierunter: ‚Ja' heißt soviel als: ‚Die kleine Glocke behalten.'- ‚Nein' = ‚alles abgeben.'

Mit ergebenen Grüßen, Pfarrer Merz.

Die kleinste Bronzeglocke blieb über die Kriegszeit im Turm. Um die drei neuen Stahlglocken bezahlen zu können, wurde sie 1920 verkauft. Ihr Verbleib ist unbekannt. Eine schriftliche Aufforderung zur Glokkenabgabe datierte vom 12. Mai 1917 und kam vom Magistrat der Stadt Wiesbaden. Schon am 8. Mai war die wiederholte Aufforderung gekommen, das Zinn aus den Prospektpfeifen der Orgeln abzuliefern.[142]

An der Front rückte der Sieg jeden Tag weiter weg. Die gegnerischen Franzosen kämpften ebenso tapfer; beide Seiten machten Führungs- und Gefechtsfehler, Soldaten gaben täglich ihr Leben tausendfach für ihr Vaterland – hüben wie drüben. Auf beiden Seiten der Front bangte dasselbe Menschenschicksal, ob der neue Tag Routine, Kampf, Hunger, Nahrung, Regen oder Sonne, Verletzung, Tod, Heimaturlaub, Versetzung - oder Frieden brächte.

Die Soldaten mit denen Philippi zu tun hatte, verehrten ihn, weil er zu ihnen heraus kam, auch dorthin, wo sie selber dem Tod offen ins Auge

---

[142] Archiv der Ringkirchengemeinde 1909 – 5. Die Bildwiedergabe zeigt den Abdruck anderer Hektographien.

sehen mussten. Und nachdem er einmal zur Räumung eines Unterstandes geraten hatte, der wenige Minuten danach einen Treffer kassierte, kam ihm der Nimbus eines Unverletzlichen zu.[143] Er hatte die Macht, den Feldgrauen Mut zu machen und war beschenkt mit der Abwesenheit von Angst. Sie werden es ihm auch gedankt haben, dass er half, die Verwundeten zum Verbandsplatz zu transportieren.

In seinem zweiten Kriegsjahr, 1916, wird Philippi zum „etatsmäßigen Felddivisionspfarrer" ernannt.[144] Die Truppe braucht Männer wie ihn, der nicht nur zahllose Gefallene bestattet hat, sondern auch die Moral der Soldaten stärkt. Weil unter den von ihm aus der Schusslinie gebrachten Soldaten junge Leute aller deutscher Länder sind, bekommt Philippi 1916 das Hamburgische Hanseatenkreuz, und 1917 das Braunschweigische Kriegsverdienstkreuz.[145] Damit wird der Mut und Einsatzwille des Militärpfarrers ausgezeichnet, wenn er in die Rolle des Sanitätssoldaten schlüpft. Der Blick zurück zeigt eine Inflation der Kreuze an der Brust von Männern, deren Zahl aber gering ist im Vergleich zur Zahl der Kreuze, die draußen auf den Gräbern stecken.

Zu den Nachbarn im lyrischen Sängerkreis der Kriegsfreunde gehört auch Walter Flex[146], wie Philippi Burschenschafter[147], aber eine Generation jünger. Beide waren als Studenten einer Studentenverbindung beigetreten, die auf den Widerstand gegen die napoleonische Besetzung Deutschlands zurückging. Während die vordem bestehenden Verbindungen an deutschen Universitäten ein raues Duellwesen be-

---

[143] Weckerling, aaO., 318
[144] Weckerling, aaO., 318.
[145] Zentralarchiv der EKHN
[146] Walter Flex (1887 -1917), promovierter Germanist, war Soldat und Schriftsteller. Der „Wanderer zwischen beiden Welten" gehört zu den meistgelesenen Büchern des 20. Jahrhunderts. Darum ist es wahrscheinlich, dass Fritz Philippi es schon früh gelesen hat.
[147] Vgl. oben: Fritz Philippi gehörte einer Straßburger Burschenschaft in Tübingen an.

günstigten, vertrat die Burschenschaft die Auffassung, dass deutsche Studenten für den Krieg gegen Deutschlands Feinde gerüstet und militärisch geübt sein müssten – nicht um sich gegenseitig zu verletzen. Die aus dem Krieg heimgekehrten Soldaten forderten darüber hinaus Teilhabe an der politischen Gestaltung Deutschlands, dessen Zerrissenheit man überwinden wollte. Diese frühe demokratische Bewegung war ab 1819 Gegenstand der sogenannten „Demagogenverfolgung" unter dem einflussreichen österreichischen Außenminister Clemens Fürst von Metternich.

Manche Zeitung druckte 1915 die kriegsfrohen Gedichte von Walter Flex, aber Ende 1916 kam ein Buch von ihm, das für viele Leser ihr Verhältnis zum Krieg - aber auch zu Tod und Gott beeinflusst hat: „Der Wanderer zwischen beiden Welten". Mancher wird die freundschaftliche Kameradschaft der beiden geschilderten sehr jungen Offiziere geschätzt haben. Sie haben ihre Studienzeit erst kürzlich beendet und deuten das Kriegsgeschehen auf eine sehr idealistische Weise. Berührend wirkt auch die Ästhetisierung des Todes, als Ernst Wurche, der Freund von Walter Flex, sinnlos stirbt, hingemäht von einer Kugel, - wie wenig später auch der Autor, Walter Flex, selbst.

Flex wird wie Philippi von der Welle nationaler Begeisterung erfasst. 1914 meldet er sich als Kriegsfreiwilliger und zieht, wie Philippi dann ein Jahr später, an die Westfront. Als Offizier wird er an die Ostfront befohlen, wo er mit dem Theologen Ernst Wurche im Einsatz ist. Wurche lebt als Soldat seinen Glauben, der von nationalem Stolz und der Forderung nach sittlicher Würde gekennzeichnet ist. Es ist kaum vorstellbar, dass Philippi dieses Buch nicht kannte, auch wenn ein Hinweis auf das Buch fehlt. Es wird zu den meistverkauften deutschsprachigen Büchern des 20. Jahrhunderts zählen und handelt von der Frage des Christseins im Soldatenleben, - eine wesentliche Lebensfrage von Philippi. Wenn es Wert hat darüber zu spekulieren, warum er es nirgendwo erwähnt, könnte es in dem zwar asexuellen, aber fast homoerotischen Verhältnis der Protagonisten bestehen. Oder es war, dass er dem jung gefallenen Kameraden und literarischen Konkurrenten den Erfolg geneidet hat. - Es ist vielleicht zu kühn, in dem aus dem Krieg zurückgekehrten Ott Kunhart, der in Philippis „Niemandsland" [148] wieder als Pfarrer tätig wird, aber nicht mehr in die Kirche zurückfindet, einen Ernst Wurche, der überlebt hat, zu sehen. Möglich ist auch, dass der „Wanderer" von Walter Flex und die „Stahlgewitter" von Ernst Jünger zu den Gründen zählen, warum Philippi kein größeres Prosawerk über seine Kriegserlebnisse geschrieben hat. Als Autor musste er jedenfalls davon ausgehen, dass fast jeder seiner Leser diese Bücher über den Krieg kannte.- Zu den berührenden Szenen der Kriegsliteratur gehört diese Stelle am Ende des „Wanderers":

Dann stand ich vor dem Toten und wußte nun erst: Ernst Wurche war tot. In einer kahlen Stube auf seinem grauen Mantel lag der Freund, lag mit reinem, stolzem Gesicht vor mir, nachdem er das letzte und größte Opfer gebracht hatte, und auf seinen jungen Zügen lag der feiertäglich große Ausdruck geläuterter Seelenbereitschaft und Ergebenheit in Gottes Willen. Aber ich selbst war zerrissen und ohne einen klaren Gedanken. ...

Dann sprach ich die Mannschaften, die am Abend mit ihm auf Patrouille gegangen waren. Ernst hatte feststellen sollen, ob die Gräben der Seensperre vor Simno noch von Russen besetzt wären. Es war unmöglich, unbemerkt an die zu erkundende Stellung mit der Patrouille heranzukommen.

Aber der junge Führer kehrte nicht um, ohne seinen Auftrag restlos zu erfüllen. Nur seine Leute ließ er zurück. ... Gewohnt, immer zuerst sich als der Führer einzusetzen, kroch er allein Meterbreite um Meterbreite vor und arbeitete sich so noch weitere hundertfünfzig Meter heran. Der Graben war nur noch von Kosakenposten besetzt, aber im Vorkriechen wurde der deutsche Offizier von einem Russen bemerkt, der alsbald auf ihn feuerte.

Eine Kugel drang ihm in den Leib, die großen Blutgefäße zerreißend und den Tod in kurzer Zeit herbeiführend. Seine Leute bargen ihn aus dem Feuer der flüchtenden Kosaken. Einer fragte, wie sie ihn trugen: „Geht

---

[148] F.Ph, Niemandsland, Union Deutsche Verlagsgesellschaft, Stuttgart, Berlin, Leipzig, 1923.

es so, Herr Leutnant?" Er antwortete noch ruhig wie immer: „Gut, ganz gut." Dann verließen ihn die Sinne, und er starb still, ohne zu klagen. Vor dem lettischen Gehöft, … schmückte ich ihm das Heldengrab. Zwei Linden über ihm als geruhige Grabwächter, das nahe Rauschen der Wälder und das ferne Gleißen des Sees sollten ihn behüten. [149] …

Und ich kniete vor ihm, sah wieder und wieder in den feiertäglich stillen Frieden seines stolzen jungen Gesichts und schämte mich meiner Zerrissenheit. Aber ich rang mich nicht los von dem armseligen Menschenschmerze um das einsame Sterben des Freundes …
Doch je länger ich kniete und in das reine, stolze Gesicht sah, desto tiefer wuchs in mir eine angstvolle und unerklärliche Scheu. Etwas Fremdes wehte mich an, das mir den Freund entrückte. Dann schlug mir das Herz in aufwallender Scham. Er, der seinem Gotte so gerne nahe war, wäre *allein* gestorben? …

Das letzte große Zwiegespräch auf Erden, die Zweieinsamkeit zwischen Gott und Mensch hat kein Unberufener gestört…
-    Und *ich* klagte um ein freundloses Sterben?

Nicht, daß ich's in jener Stunde klar empfunden hätte, aber als Keim senkte es sich damals in meine Seele, der in später Erinnerung heller und heller aufblühte. Großen Seelen ist der Tod das größte Erleben. [150] …
Über dem offenen Grabe sprach ich ein Vaterunser, zu dem mir nun freilich wieder die Worte in Tränen versagten, … Dann schloß sich das Grab, und der Hügel wuchs. …

Am Abend lagen wir wieder vor dem Feinde. Die Schrapnells und Granaten russischer Feldgeschütze fuhren gurgelnd und krachend, wirbelnde Luftschleppen hinter sich herreißend, gegen die Gehöfte, hinter denen wir Deckung suchten. …

---

[149] Hier zeigt sich eine naturmystische Ähnlichkeit zu Philippi, die aber ohne Gott auskommt, obwohl Wurche Theologe war. Gott kommt dann wenige Zeilen später vor als subjektive Überzeugung Wurches.
[150] Vgl dazu F.Ph., Die geistige Krisis, 1921, aaO. „Der Tod wurde die schöpferischste Tat des Lebens. Das Opfer wurde die Mutter der Neugeburt." Sp. 344

Die Pulse flogen mir. Ich stand auf und ging hinaus. Freie und Frische wehten mich an. Das Herz wallte mir leichter als seit langem. Da – ein Rauschen in den Lüften, ein scharfes Schreien, ein Näherbrausen, ein wanderndes Gänseheer rauschte hoch über Winknobroscz hin nach Süden. Ihre Schatten flogen über mich hin. Eine Erinnerung drückte auf mich wie eine lastende Hand. Wie lange war es her, daß das Gänseheer wandernd nach Norden rauschte über die kriegswunden Wälder vor Verdun hin, über den Freund und mich?

> ,Rausch' zu, fahr' zu, du graues Heer!
> Rauscht zu, fahrt zu nach Norden!
> Fahrt ihr nach Süden übers Meer –
> Was ist aus uns geworden?

> Wir sind wie ihr ein graues Heer
> Und fahr'n in Kaisers Namen,
> Und fahr'n wir ohne Wiederkehr,
> Rauscht uns im Herbst ein Amen!

Das Gedicht von den Wildgänsen, die durch die Nacht rauschen[151], wird über alle ideologischen Grenzen hinweg bekannt und gesungen werden. Für Philippi war die Nähe der Toten zu Gott in der Kriegsroutine vielleicht nicht immer so greifbar, wie sie Flex hier schildert, aber das naturmystische Bild der „Wildgänse" kann als prägend für die Generation der Kriegsteilnehmer bezeichnet werden. Entgegen seinem Votum von 1925, als er in der Wiesbadener Zeitung behauptete, er habe seine Kriegserlebnisse nicht zu Literatur gemacht, weil er da noch nicht „dran komme", hat er 1917 noch eine zweite Erzählung in der Zeitschrift Jugend veröffentlicht, die das Kriegsgeschehen aus dem Blick des Heimaturlaubs beschaut.

---

[151] „Wildgänse rauschen durch die Nacht" aus dem „Wanderer zwischen beiden Welten" von Walter Flex gehört zu den bekanntesten Gedichten/Liedern der deutschen Literatur im 20. Jahrhundert. Bekannteste Melodiefassung ist das Marschlied von Robert Götz (1892–1978).

„Hemmungen" liest sich weitgehend als erotische Geschichte, die sich um einen jungen Soldaten dreht, der auf Heimaturlaub ein junges Mädchen wieder trifft, das sich in seiner Abwesenheit in eine begehrenswerte Frau verwandelt hat. Der junge Soldat spürt, dass seine Gedanken im Schützengraben, er wolle vor Kriegsende keine Kriegsverlobung anstreben, angesichts des „berückenden Wesens" bedeutungslos werden[152] Dass das Mädchen „Thea", „Göttin" heißt, verweist allerdings bereits auf einen ambivalenten Ausgang der Geschichte. Der bahnt sich dadurch an, dass aus der Verliebtheit des Soldaten mehr und mehr sexuelles Begehren wird.

Ähnlich wie die Wildgänse bei Walter Flex überrauschen hier Starenschwärme die beiden Liebenden. Und während Thea sich unschuldig als Teil der Natur dem Reigen der Stare tanzend anschließt, fühlt der Soldat seine Hemmungen. Im Grunde spiegelt sich hier dieselbe romantische Figur wie in Heinrich von Kleists „Über das Marionettentheater" aus dem Jahr 1810. Natürliche Anmut ist in diesem Falle dem reflektierten Kämpfer verloren gegangen und es bleiben zwiefache Hemmungen: Er weiß, dass er ihr in Sachen Anmut und Einheit mit der Natur nicht folgen kann und er weiß, dass ihm die Frauen letztlich fremd bleiben werden.

In Heinrich von Kleists romantischer Erzählung „Über das Marionettentheater"[153] zeigt der Autor dem Leser eine gleichnishafte Marionette, die genau dann ihrem ästhetischen Ideal gleicht, wenn sie sich aus ihrem inneren Schwerpunkt heraus bewegt. Damit bewegt sie sich immer so,

> daß sie sich niemals zierte. – Denn Ziererei erscheint, wie Sie wissen, wenn sich die Seele (vis motrix) in irgend einem andern Punkte befindet, als in dem Schwerpunkt der Bewegung.[154] –

---

[152] F.Ph., Hemmungen, Jugend 22, 1917, Supplementband.
[153] Ursprünglich 1810 in den „Berliner Abendblättern" erschienen.
[154] Heinrich v. Kleist, Über das Marionettentheater, Reclam UB, Stuttgart.

Beim Anblick von Theas selbstvergessenem Tanz kommt dem Soldaten – hier endet der Vergleich mit Kleists Marionettentheater – die Erinnerung an Herodias, die sich mit ihrem Tanz den Kopf des Johannes des Täufers erkauft. Statt die Nähe zur göttlichen Natur ästhetisch zu preisen, wird die Tänzerin ethisch herabgemindert. Wenn wir den Titel der Erzählung „Hemmungen" richtig deuten, geschieht dies mit Bedauern des Verfassers, der spürt, dass die große Schönheit der Frau den Mann hemmt und zugleich zwingt, die Ursache dieser Bewunderung zu verteufeln. - Für eine letzte Verständigung zwischen den Geschlechtern bedürfe es eines Rauschzustands der Verliebtheit, den die Natur als Mittel verwende. Der Soldat kann mit seinem männlichen Kameraden „die Seele tauschen", aber im Hinblick auf das werdende Leben, fühlt er sich fehl am Platze: „Der Mann ist überflüssig auf der Schwelle der Wöchnerin."[155]

Dieses Ende der erotischen Geschichte ist Ausdruck einer destruktiven, depressiven Haltung oder es wäre Ausdruck einer allmählichen Neigung zum eigenen Geschlecht. Der Vater von vier Töchtern weiß genau, wie lebensnotwendig er in vielen Lebenslagen für Frau und Töchter gewesen ist und darum bleibt rätselhaft, was diese unreife Einschätzung eines fiktiven Jungsoldaten aus der Feder eines erfahrenen Mannes, Vaters und Autors soll. Es bleibt der Eindruck, dass die Geschichte nicht so recht mit dem heraus will, was sie eigentlich sagen möchte, merkwürdig verquast pendelt sie zwischen einer erotischen Geschichte mit verhindertem happy end und dem Report einer psychischen Katastrophe durch die Wirkung des Krieges.

Über das Thema Homosexualität liegen uns von Philippi keine bekannten Aussagen vor. Er wird im Diezer Zuchthaus Formen situativer Homosexualität kennen gelernt haben, die im Schützengraben ihre Fortsetzung fanden. – Bewegt hat das Thema die Diskussionen – gerade auch in Männerbünden wie Studentenverbindungen und Freimaurerlogen - spätestens seit 1886, als Richard von Krafft-Ebing seine „Psychopathia sexualis" veröffentlicht hatte, in der Homosexualität

---

[155] F. Ph., Hemmungen aaO., Supplementband.

erstmals beschrieben und zugleich als pathologisches Phänomen bewertet wird.[156] -Vielleicht geht es in dieser Geschichte auch nur um die Veränderung, die der Krieg der Menschnatur abverlangt. Leider nimmt die Unentschiedenheit des Autors dem Werk seine Bedeutung.

Im Vergleich dazu steht zum Beispiel die ebenso erotische spätere Kriegserzählung „Unsterblichkeit" von Rudolf G. Binding.[157] Im Gegensatz zu der unklaren Pointe bei Philippi, dreht sich diese Erzählung um die Leidenschaft einer Frau, Demeter, - die Göttin der Früchte - zu dem in Literatur gewandelten Kavalleristen und Fliegeras, in dem sein Vorbild, Manfred von Richthofen, zu erkennen ist.[158] In der Geschichte wird er über dem Meer abgeschossen – anders als in Wirklichkeit, in der Maschinengewehrfeuer über Land ihm zum Verhängnis wird. Die stolze junge Frau, die seiner Souveränität erlegen ist, findet aus dieser durch Tod zerstörten Leidenschaft nicht ins Leben zurück und nach einer mystischen Vereinigung mit dem Meer, lässt sie ihr Leben in dessen Wellen enden. Der Soldat erscheint hier als Mann, der auf eine Frau eine mächtige Wirkung – über den Tod hinaus - ausübt – auch wenn er von der falschen, der feindlichen Seite ist.

Zuletzt wäre auch denkbar, dass Philippi in der erotischen Verehrung einen Verstoß gegen das Erste Gebot gesehen hat. Dafür spräche der Name „Thea". Das erotische Begehren müsse darum ohne letzte Erfüllung bleiben, weil sie in Konkurrenz zu dem einen Gott stünde. Eine solche Engführung ließe sich anhand der Predigten aus dem Jahr

---

[156] Richard Fridolin Joseph Freiherr Krafft von Festenberg auf Frohnberg, genannt von Ebing, Art. Wikipedia, abgerufen am 3.2.2017. - (1840-1902) deutsch-österreichischer Psychiater und Rechtsmediziner.
[157] Rudolf G. Binding, Unsterblichkeit, Literarische Anstalt Rütten & Loenig, Frankfurt am Main, 1924 (1921) Binding (1867-1938) war fast gleich alt wie Philippi und diente sich später mit einem Treueeid auf den Führer dem Nationalsozialismus an.
[158] Binding war wie Richthofen Kavallerieoffizier, allerdings blieb Binding auf dem Pferderücken, als Richthofen ins Flugzeug stieg.

1900 herleiten, aber es bleiben Zweifel, zumal Philippis naturmystische Schauspiele, wie er sie in der Geschichte schildert, dagegen sprechen. Wenn das Abendrot sich mit den Rheinwellen zur göttlichen Botschaft verdichtet, die den Liebenden ihr Jawort vermitteln, dann kann ja der Gehorsam gegen diese Botschaft nicht ganz falsch sein:

> Der ganze Himmel brannte von innerlicher Glut, und die Freudenfeuer des Himmels warfen ihre purpurnen und goldnen Farben in den Strom. Und die Wasser empfingen den rinnenden Fluß des Lichts von oben und wurden ein verklärtes Meer miteinander, das schenkend und opfernd hinwallte zu smaragdnen hochgewölbten Toren.[159]

Sollte Gottes Wille nun doch gegen die Erdnatur und ihre Bildersprache stehen? Wenn der Tod der jungen Soldaten das Ende ist, ist nach der Logik Philippis jeder von diesen Männern sinnlos und verzweifelt gestorben, weil sie mit ihrem Tod nichts zum Sieg des deutschen Volkes beigetragen haben. Aber darf das sein, dürfen opferwillige junge Menschen einem solch sinnlosen Schlachten geopfert werden?

Erich Maria Remarque wird dazu 1928 in „Im Westen nichts Neues" sein eindeutiges Nein schreiben. Philippi, der bereit war, jeden einzelnen Verletzten als Sanitäter aus den Frontstellungen zu bergen, deutet die Sinnlosigkeit des frühen Todes durch die Vorstellung, dass das Reich Gottes dieses mörderischen Rituals bedurft hätte. Nur müsse sich nun die ganze Welt – der anderen Welt Gottes zuwenden. Eine Welt ohne die Anderwelt Gottes würde jeden toten jungen Soldaten zu einem Irrtum, zum dummen Jungen herabwürdigen und das dürfe um Gottes Willen nicht sein.[160] Wir können verstehen, dass einer solchen

---

[159] F. Ph., Hemmungen aaO., Supplementband, 226ff.
[160] Von diesem Anliegen zeugen zahlreiche Nachkriegspredigten Philippis. Vgl. Aus der anderen Wirklichkeit, Predigten von Fritz Philippi, Heidelberg, 1926. Supplementband, 421.

Argumentation nicht viele folgen wollten und dass sich der eine oder andere auch nach dem Krieg daran erinnert hat, *wer* dazu aufgefordert hatte, mit der Waffe in den Tod zu stürmen. - In seinem Drama Belial wird Philippi 1924 sowohl die Technik als auch insbesondere den technisch aufgerüsteten modernen Krieg zum Teufelswerk erklären, das dem Satan dazu dienen soll, den Menschen zur Sache herabzuwürdigen. - Der Gemeindehelfer der Ringkirchengemeinde, Diakon Bohr, mit dem zusammen Philippi Jugendarbeit in der Gemeinde betrieben hat, ist zum Opfer dieser Kriegsmaschinerie geworden; Philippi wird es per Feldpost erfahren haben.

Was der Tod junger Menschen, denen nur wenig Lebenszeit vergönnt war, als Aufgabe für die Überlebenden bedeutet, das wird Philippi in seiner theologischen Arbeit nach dem Krieg sehr beschäftigen. In einer Konfirmationspredigt von 1924 schaut Philippi zurück auf 14 Jahre seit 1910, dem Geburtsjahr vieler Konfirmanden: 23 von ihnen haben ein oder zwei Elternteile verloren. Philippi gibt den Konfirmanden auf den Weg, dass sie „ein wahrer Mensch" werden sollen und dazu sollen sie dem Menschensohn nachfolgen. Sie stünden am Anfang ihrer Christwerdung und diese wachse mit der Menschwerdung zugleich aus der gleichen Wurzel. Als Lebensziel schmiedet ihnen Philippi das Verslein:

> Ich möchte doch,
> eh ich sterben gehe auf Erden,
> ein Mensch durch Jesus werden![161]

Philippi war aufgegeben, sein Wirken im Feld theologisch zu bewerten, auch andere theologische Fragen mag ihm der Krieg gestellt haben: Ein Schreiben des Konsistorialpräsidenten Walter Ernst[162] erreichte

---

[161] F.Ph.: Aus der anderen Wirklichkeit, aaO., 152f.

[162] Walter Ernst (1857-1928) Verwaltungsjurist in Preußen wurde 1899 Chef des Konsistoriums Wiesbaden der preußischen Landeskirche. (Vgl. wikipedia, „Walter Ernst", Art.) Die Konsistorialpräsidenten waren in Preußen das juristische Oberhaupt der angeschlossenen Kirchen.

seine Heimatgemeinde,[163] der über die Dekane die Pfarrer dazu bewegen wollte, „einen bedenklichen Verkehr zwischen den Kriegsgefangenen und der weiblichen Bevölkerung" zu unterbinden.

Wenn Philippi dieses Schreiben an der Front erreicht hat, sehe ich ihn mit dem Gedanken im Granathagel spazierengehen, um zu einem Urteil zu gelangen: Macht es hinsichtlich der Moral einen Unterschied, wenn sich eine Frau auf einen beliebigen Mann einlässt gegenüber dem offenbar „bedenklicheren" Fall, dass sich eine Frau auf einen Kriegsgefangenen einlässt? Es wird ihn bewegt haben, wie viele deutsche Soldaten Freundinnen unter den Französinmädchen hatten. Und er wird das Anliegen des Herrn Konsistorialpräsidenten zwar verstehen können, aber er wird wohl nicht zu dessen moralischen Urteil gekommen sein. – Dazu kamen dessen Aufrufe, Kriegsanleihen zu zeichnen.[164] Die sind für Pfarrer, auch wenn sie als Patrioten im Heeresdienst stehen, und der Sache nach die Finanzierung des Krieges durchaus richtig finden; dennoch kaum nachzuvollziehen: Warum betreibt eine kirchliche Stelle die Kriegsfinanzierung und nicht der, der den Krieg führt, ihr oberster Herr, der Kaiser? Kann die Kirche dazu aufrufen, das Sterben Tausender junger Männer zu finanzieren? Immer wieder zeigt sich – wie auch hier – , dass eine Kirche, die vom Staat regiert wird, in Not kommt, wenn sie sich zwischen Dienstherrn und Gott entscheiden soll. Hier dämmert auf, dass die Kirche sich vom Staat wird lösen müssen.

Das Anliegen, fremde Soldaten von jungen deutschen Frauen fernzuhalten, wird auch in der Nachkriegszeit wachgehalten. Nur werden es jetzt keine Kriegsgefangenen mehr sein, sondern Besatzungstruppen. Auf eine Eingabe des Ringkirchenpfarrers, Heinrich Schlosser,

---

[163] Vertrauliches Dekret des Königlichen Konsistoriums Nr. 746 vom 25. Februar 1916, unterzeichnet von Walter Ernst (1857-1928), Konsistorialpräsident 1899-1919. Archiv der Ringkirchengemeinde 1909-5.
[164] Dekret des Königlichen Konsistoriums Nr. 777 vom 17. Februar 1917 unterzeichnet mit „Ernst".

antwortete der Oberstleutnant Pineau, der Chef der französischen Besatzungsverwaltung in Wiesbaden, mit einem bei weitem humorvolleren Schreiben, auch wenn es eine letzte Antwort auf moralische Fragen nicht geben möchte:

> Eine die Bewegungsfreiheit der jungen deutschen Mädchen regelnde Polizeiverordnung aus denen von ihnen angeführten Gründen würde nur die Aufmerksamkeit auf einen Ruf ziehen, der, wie man allgemein weiß, von guter Haltung und Sittlichkeit ist.
> Es kann uns im Übrigen nicht missfallen, zu beobachten, wie die jungen Mädchen von Wiesbaden mit so viel Vergnügen den Verkehr mit unsern Soldaten suchen und sie (!) auf ihren richtigen Wert einzuschätzen wissen. Wir stellen mit Vergnügen fest, dass diese so schnell zahlreiche Zuneigungen zu gewinnen gewusst haben und wir sind glücklich, dies von ihnen amtlich bestätigt erhalten zu haben.
> So vermindern sich gewisse Schwierigkeiten, welche aus unserer Besatzung hervorgegangen sein könnten, indem sie in die inneren Verhältnisse der deutschen Familien eindringen - und die Frauen sind häufig die liebenswürdigen Zwischenträger dieser friedlichen Eindringung. So lassen sich unsere Soldaten besser kennen lernen und Wert schätzen.[165]

Ob Philippi gespürt hat, dass in solchem Briefwechsel eine literarische Geschichte steckt, die wirklich und bestimmend ist? Wenn er davon Kenntnis hatte, hat er sie ungenutzt vernachlässigt.

Das Königliche Konsistorium hat in der Abwesenheit von Philippi wegen Fronteinsatzes die Klagen seiner Kollegen im Hinblick auf eine Vertretung für ihn auf der Pfarrstelle erhört und einen Vikar Künkel

---

[165] Schreiben des Polizeidirektor II. 4938 an den Fürsorgeausschuss der evangelischen Mädchen z.Hd. Pfarrer Schlosser vom 9. Mai 1919. Archiv der Ringkirchengemeinde 1909-5.

an seiner Stelle eingesetzt.[166] Künkel schrieb über seine Zeit an der Ringkirche:

Am 15. Oktober 1917 kam ich als Vikar an die Ringkirche zu Wiesbaden, um in einer Zeit, wo von den vier Pfarrern zwei im Feld standen (Philippi und Veidt)- und einer (Merz) - erkrankt war, zu helfen und zunächst vor allem den Unterricht von 120 Konfirmanden zu übernehmen. Auch in Wiesbaden bildete der Religionsunterricht (in den vier oberen Klassen der Spießschen Höheren Mädchenschule und in Obertertia und Untersekunda der Oberrealschule am Zietenring) einen großen Teil meiner Tätigkeit. Sehr lehrreich war mir der Einblick in die Armenpflege der Ringkirchengemeinde. Lazarettseelsorge im Wiesbadener Hof gab mir ebenso wie in den 1 1/2 Jahren zu Höchst Gelegenheit zu ständigem Umgang mit unseren Frontkriegern. Für einen jungen Mann, der als "Krankenwärter" ausgehoben und als solcher reklamiert war, war dies kein leichter, aber ein hilfsamer und, wie ich hoffe, nicht vergeblicher Dienst an unseren Besten, deren Bestes so stark und gut war und doch in Gefahr, zernagt und zermürbt zu werden. Durch die endlosen Strapazen, sowie durch viel Verärgerung, Nörgelei und Verhetzung. Auch die Arbeit an denen daheim zwang die durch den langen Krieg hervorgeru-

---

[166] Königliches Konsistorium Nummer 5840, Wiesbaden den 24. Oktober 1917.
„Da die Entlassung des Pfarrers Philippi von der Ringkirchengemeinde aus dem Heeresdienst zur Zeit nicht möglich ist, haben wir beschlossen, den Vikar Pfarrer Künkel aus Höchst auch über den 1. Dezember des Jahres hinaus weiters mit der aushilfsweisen Vertretung den geistlichen Pfarrdienst der Ringkirchengemeinde zu beauftragen." *Archiv der Ringkirchengemeinde, 1909-5.*

Das Eiserne Kreuz Philippis
im Bestand des Gemeindearchivs der Ringkirche.

fene Zermürbung der Gemüter (!) meiner Wiesbadener Zeit ihr besonderes Gepräge auf.[167]

Philippi kann als ein tapferer Mensch, der kaum Furcht zeigt vor gegnerischem Feuer oder dem Sterben, dort helfen, wo es manch anderer nicht mehr gekonnt hätte. Für seinen Mut, verwundete Kameraden aus der Feuerlinie zu tragen, bekommt er kurz vor dem Ende des Krieges das Eiserne Kreuz I. Klasse.[168]

Philippi bemüht sich, dem hinter ihm liegenden Krieg einen Sinn zu geben, indem das Kriegsgrauen dazu verpflichtet, den seelenlosen Ma-

---

[167] Eintrag vom 3. September 1919, Pfarrchronik der Ev. Ringkirchengemeinde.
[168] Der Vorläufige Ausweis des Eisernen Kreuzes Erster Klasse, das Philippi am 13. November 1917 bekommt, trägt das Datum des 22. Juni 1918. Archiv der Ringkirchengemeinde Wiesbaden.

terialismus als Folge der industriellen Revolution zu überwinden. Es bleibt der Zweifel, ob die Angehörigen der Gefallenen daraus hätten Trost ziehen können – selbst wenn es so gekommen wäre. Irgendwann hat Philippi sich der Aufgabe unterzogen, die Zahl derer zu überschlagen, an deren Beisetzung er in seinem militärischen Amtsbereich mitgewirkt hat. Manche Toten wurden allerdings verschüttet, denn der Artilleriekrieg zerwühlte unbarmherzig die Erde und ließ oft Hunderte unerreichbar in ihrem kühlen Massengrab.[169] Bei den häufig wechselnden Stellungen kamen die deutschen Truppen oft in französische Anlagen und mussten dort feststellen, dass die Franzosen ihre Gefallenen nicht bestattet hatten. Wo sie die Toten noch bergen konnten – oder wenigstens einen Teil ihrer sterblichen Hülle, da wurden sie – auf deutscher Seite - auch in Einzelgräbern bestattet.[170] 60 bis 70 Tote am Tag waren keine Seltenheit und die Zahl derer, die entweder mit einem schlichten Wort gesprochen über den von Geschossen emporgeschleuderten Erdmassengräbern oder mit halbwegs pietätvoller Würde in Einzelgräbern beerdigt wurden, hat er mit 50.000 beziffert.[171]

Philippi äußert sich über das Grauen an der Front während des Krieges literarisch in vielen Aufsätzen, die von vielen Zeitschriften publiziert werden. – Er wird nach dem Krieg das Thema nur in der Retrospektive in seinem Roman „Niemandsland" behandeln. Wir vergleichen sein Schweigen mit dem Buch des damaligen Leutnants Ernst Jünger, „In den Stahlgewittern", das die Geister seit dessen Erschei-

---

[169] Vgl. Ernst Jünger, In den Stahlgewittern, Berlin, 1922, 72.
[170] Vgl. Ernst Jünger, In den Stahlgewittern, Berlin 1922, z.B. 37. Auch Massengräber, die auf französischer Seite die Gefallenen zu Beginn des Krieges aufnahmen, waren auf deutscher Seite verpönt.
[171] Vgl. Alfred Bock, Tagebücher, zum 23. Februar 1925 google books. Hier spricht Philippi von 50.000 Bestatteten. Alfred Bock hatte im Jahr zuvor einen Roman veröffentlicht, der einen ähnlichen Charakter wie „Erdrecht" hatte: „Das fünfte Element". Es erschien im gleichen Verlag, in dem auch neuere Werke Philippis erschienen: Verlagsbuchhandlung J.J. Weber, Leipzig, 1924.

nen scheidet. Vielleicht hat Philippi seine vielen Reportagen aus dem Alltag des Krieges für verschiedene Zeitschriften mit Jüngers druckvoller Prosa verglichen – und dann auf ein eigenes Kriegsbuch verzichtet.

> Der zerwühlte Kampfplatz war grauenhaft. Zwischen den lebenden Verteidigern lagen die Toten. Beim Graben von Deckungslöchern bemerkten wir, daß sie in Lagen übereinander geschichtet waren. Eine Kompagnie nach der anderen war dicht gedrängt im Trommelfeuer ausharrend vernichtet. Dann waren die Leichen durch die von den Geschossen hochgeschleuderten Erdmassen verschüttet, und die nächste Kompagnie war an den Platz der Gefallenen getreten. Der Hohlweg und das Gelände dahinter lag voll Deutscher, das Gelände davor voll Engländer. Aus den Böschungen starrten Arme, Beine und Köpfe; vor unseren Erdlöchern lagen abgerissene Gliedmaßen und Tote, über die man zum Teil, um dem steten Anblick der entstellten Gesichter zu entgehen, Mäntel oder Zeltbahnen geworfen hatte. Trotz der Hitze dachte niemand daran, die Körper mit Erde zu bedecken.[172]

Ein Buch von Fritz Philippi hätte sich wohl zwischen dem romantischen Idealismus der Darstellung von Walter Flex und der kalten Präzision, mit der Ernst Jünger das Leben und Sterben an der Westfront beschreibt, seinen Platz suchen müssen. Zu den Gründen, dass er sich an ein größeres Kriegswerk nicht herangetraut hat, gehört vielleicht auch, dass ihm, dem Naturmystiker die Entheiligung der Natur, wie wir sie hier bei Jünger beschrieben finden, zuwider sein musste. Da er andererseits aber davon ausgegangen war, dass auch der Krieg ein gottgewolltes Ereignis war, wäre es schwer geworden, solch widerstreitenden Vorstellungen in einer Kriegsdarstellung Ausdruck zu geben. Später – nach dem entgangenen Sieg – wird ihm der Krieg zum

---

[172] Ernst Jünger: In Stahlgewittern. Aus dem Tagebuch eines Stoßtruppführers. E.S. Mittler und Sohn 3. Aufl., 1922. (Erstausgabe 1920). Im Frühling 1917 bei der Verteidigung der Siegfriedstellung haben Jüngers und Philippis Truppen am gleichen Frontabschnitt gekämpft.

Ausdruck des sündhaften Menschen und dessen Materialismus. Eine Haltung, die wir nach dem Zweiten Weltkrieg Geborenen eher nachvollziehen können.

In der Darstellung der Soldaten, die er zuhause – in der Predigt – zunächst als Helden beschrieb, die mit glänzenden Augen bereitwillig fürs geliebte Vaterland in den Tod ziehen, hat sich Philippi nach und nach der Position Jüngers angenähert. Der beschrieb schon früh schonungslos den Soldaten, der kurz davor ist, seine Vertierung zu erleben:

> Dann stürzten sie sich hinein, um keine Minute der kurzen Tage ungenützt verfließen zu lassen, tranken und küßten. Mit der ihnen Lebensform gewordenen Rücksichtslosigkeit schwangen sie in tollen Nächten den Becher, bis ihnen die Welt versank. Da ließ man die gefallenen Freunde leben und schierte sich den Teufel um den nächsten Tag. Und dann ging es wieder auf den gewohnten Straßen der Brandung zu.[173]

Jüngers Methode, minutiös sein Tagebuch zum Ausgangspunkt einer getreuen Kriegsberichterstattung zu machen, ist der Methode Philippis entgegengesetzt. Philippi hat Anhaltspunkte in seiner Erinnerung, da genügt eine Empfindung oder ein Wort, eine Landschaft oder eine abstrakte Begegnung und er beginnt dann mit dem, was er „Fabulieren" nennt. Der Punkt, der ihn mit der Wirklichkeit verbindet, eröffnet ihm die Möglichkeit, die Handlung frei weiter zu spinnen.

Nach Carl Schmitt kennzeichnet dies Philippi als Romantiker: „Wenn nämlich etwas die Romantik total definiert, so ist es der Mangel jeglicher Beziehung zu einer *causa*." – Schmitt sieht den Ausgangspunkt eines romantischen Kunstwerkes in dem absolut inadäquaten Verhältnis von occasio und Wirkung, es sei a-rational, die Relation des

---

[173] Ernst Jünger, In den Stahlgewittern, (1. Aufl. 1920), 2. Auflage, Berlin 1922, V.

Phantastischen.[174] Schmitt zitiert zur Anschauung den romantischen Dichter Novalis: „Alle Zufälle unseres Lebens sind Materialien, aus denen wir etwas machen können, was wir wollen, alles ist Glied einer unendlichen Reihe, Anfang eines unendlichen Romans."[175]

Jüngers präzise biographische Darstellung warnt vor der Falle der Idealisierung gerade von Kriegsgeschichten, da sie dazu neigten zu Helden-Kollektionen zu werden, die darlegen, wie es hätte sein sollen.[176] Auch wenn Philippi diese Warnung nicht gekannt hat, war es sicherlich gut, dass er sich nicht auf eine literarische Bearbeitung seines Fronterlebnisses eingelassen hat. Er wird in Jüngers Stahlgewittern elementare Erlebnisse seiner Frontjahre wiedergefunden haben:

> Du kauerst zusammengezogen einsam in deinem Erdloch und fühlst dich einem unbarmherzigen, blinden Vernichtungswillen preisgegeben. Mit Entsetzen ahnst du, daß deine ganze Intelligenz, deine Fähigkeiten, deine geistigen und körperlichen Vorzüge zur unbedeutenden, lächerlichen Sache geworden sind. Schon kann, während du dies denkst, der Eisenklotz seine sausende Fahrt angetreten haben, der dich zu einem formlosen Nichts zerschmettern wird. Dein Unbehagen konzentriert sich auf das Gehör, das das Heranflattern des Todbringers aus der Menge der Geräusche zu unterscheiden sucht.[177]

---

[174] Carl Schmitt, Politische Romantik, Duncker & Humblot, Berlin, (1919), 4. Aufl. 1982, 120, Erstauflage 1919.

[175] C. Schmitt, Politische Romantik, aaO., 121. Bei Novalis heißt es in den Aphorismen, 1. Blütenstaub Nr.66: „Alle Zufälle unsers Lebens sind Materialien, aus denen wir machen können, was wir wollen. Wer viel Geist hat, macht viel aus seinem Leben. Jede Bekanntschaft, jeder Vorfall, wäre für den durchaus Geistigen erstes Glied einer unendlichen Reihe, Anfang eines unendlichen Romans.

[176]Vgl. Jünger, a.a.O. VI.

[177] Jünger, a.a.O., 136.

Das entspricht einer von Philippi im Westerwald erlebten Situation, als er von einem Unwetter überrascht wird und kaum noch nach Hause findet. – In seinen Kriegsreportagen fehlen solche packenden Augenblicke. Was hätte Philippi der gläsernen Kriegsprosa Jüngers entgegengesetzt, in der der Mensch sich in seinem „Willen zur Macht" verzehrt. - Jünger bedauert die Gefallenen, auch die der anderen Nationen, aber er hält sie nicht für das Produkt einer fehlgeleiteten Menschenwelt, sondern als normalen Ausdruck natürlichen Menschseins. Unter diesen „Primanern in Uniform", wie Jünger später die Offiziere des Ersten Weltkriegs bezeichnete, zu denen er dann auch sich selbst zählte, herrschte damals die Darwin'sche Lehre. „Kleine Jungen mit zu großer Verantwortung"[178], meinte der alte Jünger. Vielleicht hat Philippi in solchen jungen Soldaten und Offizieren „entgottete Menschen" gesehen, denen der Mangel an Gott nicht mehr auffiel. Die Klarheit geht beim jungen Jünger auf Kosten der Menschlichkeit:

> Über die Notwendigkeit der Tat bin ich als preußischer Offizier natürlich keinen Augenblick im Zweifel. Kriegführen heißt, den Gegner durch rücksichtslose Kraftentfaltung zu vernichten suchen. Der Krieg ist der Handwerke härtestes, seine Meister dürfen der Menschlichkeit nur so lange das Herz öffnen, als sie nicht schaden kann.[179]

Im Konzert mit den anderen populären Kriegserlebnisbeschreibungen, wie ab 1929 auch noch Remarques „Im Westen nichts Neues",[180] hätte Philippis Darstellung einen Hinweis auf seine Veränderung geben

---

[178] Diese Einschätzung gibt der alte Ernst Jünger in einem Interview mit der ZEIT, 8. Dezember 1989, http://www.a-e-m-gmbh.com/andremuller/ernst%20juenger%201989.html.

[179] Jünger, a.a.O., 94.

[180] Erich Maria Remarque (Erich Paul Remark) (1898-1970) kam 1917 an die Westfront, wo er verwundet wurde. Er bekämpfte in seinem literarischen Werk den Militarismus. Im Westen nichts Neues, Propyläen, 1929. US-Verfilmung, 1930.

können, seine überlieferten Kriegsgeschichten lassen den Leser indessen ratlos zurück: Was will der Autor mitteilen? Schreibt er jetzt doch frivole Unterhaltungsgeschichtchen ohne Botschaft? Philippis Drama „Belial" wird später zeigen, dass der Krieg einen enttäuschten Idealisten hinterlassen hat. Vielleicht ahnt er, dass der religiöse Nationalismus der Weg in den Untergang ist, - aber er möchte von ihm nicht ablassen.

Philippi bleibt mit den nationalen Prinzipien verbunden, und setzt sich mit seiner persönlichen Kriegsbegeisterung nie kritisch auseinander. Es scheint, dass er auf das Vergessen des Publikums gehofft hat – auch das ein Grund für ihn, den Krieg nicht mehr zum literarischen Thema zu machen. Philippi kann sich immerhin damit trösten, dass sich Tausende ähnlich geäußert hatten wie er; aber es bleibt ein schwacher Trost!

Ernst Jünger hatte mit großer Präzision die Vorgänge des Krieges beschrieben, aber in seiner Einschätzung des Grauens scheint er doch mehr dem Sechzehnjährigen zu gleichen, der sich von der Fremdenlegion nach Afrika entsenden lässt, weil er das Abenteuer sucht, das ihm Schule und Elternhaus nicht bieten können. Andererseits benennt er den Schatten auf der Soldatenseele klar, wie sie im Banne gewaltiger Urtriebe stehe und wie der Blutrausch sich verselbständigt als atavistischer Trieb.[181] Diese Generation, die noch unter dem Leitbild eines Heldentums mit Säbel in der Hand und dazu passender Pickelhaube auf dem Kopf groß geworden war, wurde enttäuscht: Der technisch materialistische Krieg ließ für dieses traditionelle Heldentum keinen Platz mehr. Obwohl Philippi und Jünger verschiedenen Generation angehören, sind sie als Kriegsteilnehmer verbunden und vom Ersten Weltkrieg bestimmt. Vermutlich hatte Philippi mit seinen Gedichten 1914 noch das traditionelle Heldentum beschworen. An der Front entdeckt auch er eine Schlachtenmechanik, die ohne Ansehen der Person den Erdboden aufwirft, um ihn zum Massengrab für die Soldaten zu machen. Die militärische Ausstattung der Soldaten drückt

---

[181] Vgl. Jünger, aaO., 168, 182, 204/205 u.ö.

diesen Wechsel zur Materialschlacht aus: Waren die deutschen Soldaten 1914 noch mit der „Pickelhaube" ausgerückt, einem Lederhelm mit Metallspitze, die Hiebwaffen ablenken sollte, werden die Soldaten ab Januar 1916 mit Stahlhelmen ausgerüstet, die der modernen Kampftechnik mit Schusswaffen eher entsprach.

Dass die Kirche bzw. ihre Diener nach dem Krieg mit Pathos hohl dröhnend zur Tagesordnung übergehen, das ist Gegenstand des großen Nachkriegsromans von Fritz Philippi, „Niemandsland".[182] In diesem Roman deutet sich an, dass er den Soldaten des Krieges keineswegs nur als hehren Helden kennen gelernt hat, sondern als verrohten Burschen, der höhnisch johlt, als der Protagonist einen französischen Scharfschützen erschießt. Dieser, ein junger Pfarrer, war als Soldat im Kriegseinsatz und ist infolge einer Schussverletzung im Gesicht – aber auch aufgrund seiner Erlebnisse – sprachlos, bevor er wieder predigen muss. In seiner ersten Predigt markiert er eine Theologie des Schützengrabens, die sich von der Vorkriegs-Theologie Philippis nicht unerheblich unterscheidet:

„Ich bin gekommen, um auszuräumen und eine große Leere um euch zu schaffen. Ich biete euch Schützengrabenreligion." –

Er will nicht hegen, was in diesem Haus immer gehegt worden ist, das vertrauliche Du und Du mit dem lieben Gott. Wissen aus Unwissenheit ist's, Wortgepränge, das sich in Lehrsätzen einen Formelgott gemacht hat, der sich in Bibel und Gesangbuch einsperren lässt.

Menschenwerk, dem sich leicht Altäre bauen läßt für kleine, fromme Gelegenheiten. Ein Gott, den sie sich vom Leibe fernhalten durch Lobsprüche, damit sie in ihren Sünden sicher sind, die er nimmt wie der Götze der Heiden mit dem Abfall vorlieb. So will er ihnen den sonntäglichen Kirchengott nehmen, samt allen

---

[182] F.Ph., Niemandsland, Zeitroman, Union, Stuttgart, Berlin, Leipzig, 1923 (1. Aufl.), 40.

Sicherheiten, Tugenden und Weisheiten, bis es sie wie Sturm-wind zerzaust am äußersten Ort, was das heißt: „Gott, der gänzlich Unbekannte!"
Denn nur als der Unbekannte ist Gott sicher vor der Entheiligung. Nur wenn kein Mensch auftreten darf als Gottes Gedankenleser, bleibt seine überweltliche Majestät unangetastet... [183] Gott und Menschen leben in zwei getrennten Welten und so heißt es: „Gott ist der völlig andere, er ist von drüben! Wir sind von hüben."[184]

In diese Romanpredigt verwoben ist vielleicht doch die persönliche Erinnerung Philippis an das Gottesbild seiner Kriegslieder, das keine Skrupel hatte,[185] Menschen in den Krieg zu locken, aber andererseits

---

[183] Bei solch einem religionslosen Christentum klingt der frühe Karl Barth an, dessen Römerbriefauslegungen 1919 und 1922 erscheinen. Sie haben von einander gehört. Sie waren Martin Rades theologischer Zeitschrift, „Christliche Welt" verbunden, Barth als Hilfsredakteur, Philippi als regel-mäßiger Autor.

[184] F.Ph., Niemandsland, aaO. 41f.

[185] Vgl. z.B. das Gedicht aus dem Jahr 1914 aus „Die heimliche Stimme" und aus der Christlichen Welt, 1914, Sp. 822

Wir sind das Volk des Zorns geworden.
Wir denken nur noch an Krieg.
Wir beten als grimmiger Männerorden,
bluteingeschworen, um Sieg!

Wir üben Gottes allmächtigen Willen,
und seiner Gerechtigkeit Schrei
wolln wir an den Frevlern rächend erfüllen
voll heiliger Raserei.

Uns rufet Gott in mordende Schlachten.
Und stürzen drob Welten ein,
wir müßten selber uns gottlos achten,
soll Deutschland verloren sein.

Als Kriegs-Zuchtrute sind wir gebunden;
blitzflammend wir zucken empor ...
Als Rosengarten blühn unsre Wunden
fromm an dem himmlischen Tor.

auch die Wendung, dass der Mensch keine Aussagen mehr über den unbekannten Gott machen darf. Damit ist Philippi schon nahe an dem Offenbarungspositivismus der Dialektischen Theologie, die als „Theologie der Krise" im Jahr 1920 mit einem Aufsatz von Friedrich Gogarten in der „Christlichen Welt" begonnen hat.[186] Der Gott dieses Romans ist nicht der Gott, den Philippi bis zum Krieg bekannt hat, aber auch nicht der Gott der sich damals neu konstituierenden Kirche, die nicht mehr Teil des preußischen Staates sein wird.

Auch bei dem - im Sinne dieser Zeit - moderneren Ernst Jünger kommt Gott vor, als Formel, als Chiffre für das Unverfügbare, aber seine Religion lässt den Respekt vor dem unverletzten Menschen und dem unabhängigen Gott missen. Er folgt mehr Nietzsches Übermenschen als Jesus Christus: „Der Mensch ist etwas, das überwunden werden soll."[187] Und sei es auch, dass er durch die Wirkung eines Schrapnells überwunden wird. Das hat etwas durchaus Heroisches, aber mehr noch klingt es heute zynisch. –

Der Kaiser hatte Jünger den höchsten Orden „Pour le Mérite" verliehen.[188] Mit Jünger zeichnete der Kaiser in den letzten Dienstmonaten seines Kaisertums eine neue Generation aus, aus deren Reihen wenig später die Nationalsozialisten weiter marschieren werden, bis alles in Scherben fällt.

Philippi hätte sicher gern vom Heldentum, vom glänzenden Sieg eines moralisch untadeligen Soldatenvolkes berichtet, das glühend und freudig sterbend ihren Gott im Vaterland entdeckt hätte und sich als

---

Hab Dank, Herrgott! Dein zornig Wecken
tilgt unsere sündige Art.
Nun schlagen wir als dein eiserner Stecken
allen Feinden in den Bart!

[186] Friedrich Gogarten (1887 -1967): Zwischen den Zeiten, (Art.) Die christliche Welt, Juni 1920, 24, Spalten 373-378)
[187] Friedrich Nietzsche, Also sprach Zarathustra. Ein Buch für alle und keinen, (1883/84), Kröner Taschenausgabe Bd. 75, Stuttgart, o.J., 8.
[188] Ausgezeichnet am 18. September 1918, Jünger, a.a.O., 248.

Teil ihres Volkes keine Sorgen um ihr individuelles Überleben gemacht hätten, aber er erlebte nur Todesangst, Todesverachtung, Verletzung, Tod, Verderben und Entmenschlichung im Schlamm der
wenig heroischen Wirklichkeit. Dem wird sein Schweigen wohl besser
gerecht, als wenn er weitere unentschiedene Kriegserzählungen hervorgebracht hätte, die sich mit der literarisch und inhaltlich konziseren
Kriegsliteratur seiner Zeit ohnedies nicht hätten messen können.

V. Der Katastrophe literarisch begegnen
Die Nachkriegszeit 1919 bis 1933

Fritz Philippi hat sich durch seine Teilnahme an dem von den Späteren „Erster Weltkrieg" genannten Krieg verändert. Als er nach Hause kam, fand er sich in Familie und Gemeinde wieder zurecht, aber der Krieg und seine Toten haben einen anderen Menschen aus ihm gemacht, theologisch und literarisch, - und auch das Land in dem er gelebt hat, ist politisch nicht wieder zu erkennen. Mit den meisten Deutschen gerät er in eine friedlose und freudlose Epoche von großer innenpolitischer Unsicherheit.

1.   Die Jahre nach dem Krieg

Wir bemühen uns auf den folgenden Seiten, diese Zeit zu charakterisieren, in die Philippi zurückkehrt und der er einige seiner wichtigsten Arbeiten widmen wird:

Die militärischen Sieger geben den Deutschen die Alleinschuld am Krieg und bürden ihnen hohe Reparationszahlungen auf, die das ausgepowerte Land nachhaltig an einer wirtschaftlichen Erholung hindern. Die Folge ist das Erstarken politischer Heilslehren, die radikal eine ideologisch veränderte Wirklichkeit fordern. Philippi, der seinen Einsatz im Krieg beinahe als Gottesdienst in einer gerechten Sache verstanden hat, sucht nach einer Deutung, die der ungeheuren Zahl von Toten gerecht zu werden vermag. Zu Optimismus hat er wenig Anlass, aber er formuliert seine Suche nach einer Bedeutung: „Zumal wir Deutsche haben uns noch nicht erfüllt. Man braucht uns noch."[189] Die Deutschen sollen nach seinem Willen der ganzen Welt die Lekti-

---

[189] F.Ph. in einem Beitrag „Die geistige Krisis der Gegenwart und die Zukunft des Menschen. Die Christliche Welt, 1921, Sp. 345.

on erteilen, dass sie in der Nachfolge Christi ihr Kreuz auf sich genommen haben.

Karl Heussi hat diese Zeit – als Zeitgenosse - in seiner Kirchenge-schichte charakterisiert: [190]

> In Deutschland blieben die vor 1914 vorhandenen geistigen Rich-tungen lebendig oder traten nach vorübergehendem Zurück-weichen wieder hervor. Dahin gehören die verschiedenen Zweige des Monismus..., weiter die Strömungen, die sich an Nietzsche und an Goethe anschlossen. Aber die erste Nachkriegszeit war von einer ausgesprochenen Krisenstimmung beherrscht. Sie zeigte sich z.b. in der Unsicherheit, die die pessimistischen und mystischen Richtungen, die seit 1918 eine Zeitlang in den Vordergrund traten. Den Pessimismus stärkte vor allem Oswald Spengler mit seinem von großem Bucherfolg gekrönten Werk „Der Untergang des Abendlandes". ...

Diese Jahre sind geprägt von Unsicherheit und Orientierungslosigkeit, gepaart mit der verheerenden wirtschaftlichen Lage, die sowohl durch die Folgen der Kriegswirtschaft als auch durch die Destabilisierung der Währung und den zusätzlich dem Deutschen Reich auferlegten Reparationszahlungen zu Massenarbeitslosigkeit und Verelendung führte. Preußen hatte 1871 dem besiegten Frankreich ebenfalls gewal-tige Reparationen auferlegt, es zeigte sich aber auch in dieser Situation, dass sich diese beiden Kriege nicht mehr vergleichen ließen. War der alte deutsch-französische Krieg noch weitgehend eine Angelegenheit von 700.000 Soldaten, die den Sieg unter sich ausfochten, trat der Erste Weltkrieg an, in Propaganda und Materialschlacht alle Bereiche der beteiligten Nationen zu vereinnahmen, von der Qualität der Militärs über die kriegswichtige Ökonomie und Geldwirtschaft bis hin zur ideellen Kriegsführung, die vor der Theologie nicht Halt machte.

---

[190] Karl Heussi, Kompendium der Kirchengeschichte, 16. Aufl. J:C:B: Mohr Tübingen, 1981, 507f.

Nach dem Krieg von 1870/71 war der Fortbestand der kriegsbetei-
ligten Staaten kein Gegenstand der Auseinandersetzung. Am Ende des
Ersten Weltkrieges war mindestens das Deutsche Reich nicht wieder-
zuerkennen. Hatte es im Krieg noch so ausgesehen, als würde der
Krieg die zentralisierenden Kräfte im noch immer von Einzelstaaten
zerrissenen deutschen Staat stärken, zeigte sich immer mehr, dass das
Reich nur ein Objekt war von Militär, Bürokratie und organisierten
Interessen, deren symbolischer Repräsentant, Kaiser Willhelm II.
längst als bestimmender Faktor auf Eis gelegt war.[191] Mit der Sieges-
hoffnung schwand auch das Vertrauen in die staatliche Propaganda,
die den Krieg erfolgreich als Verteidigung des Reiches gegen den Rest
der Welt dargestellt hatte. Und es verschwand das Vertrauen in die
staatstragenden Institutionen des preußisch geführten Reiches, zu
denen eben auch die Kirche gehört hat. Zugleich verschwand das
Vertrauen in die positivistische Hoffnung, dass der Mensch durch die
Suche nach wissenschaftlicher Fundierung alles unter seine Kontrolle
bekäme. Der amerikanische Theologe Robert P. Ericksen benennt die
tiefgreifende Unsicherheit in diesem Gebiet:

> Aber diese Suche nach der Wahrheit erwies sich als trügerisch.
> Idealisten traten den Positivisten mit ihrer Überzeugung entge-
> gen, daß empirische Erkenntnis niemals über das Triviale he-
> rauswachsen kann. Werte etwa können nicht empirisch unter-
> sucht werden, aber schließlich versuchen doch sämtliche Hu-
> manwissenschaften herauszufinden, was gut oder schlecht ist für
> die menschliche Gesellschaft.[192]

Bildung war besonders in Deutschland ein Teil des nationalen Selbst-
bewusstseins, seit sich der Bildungssektor in Deutschland an die Spitze
der europäischen Kulturen gesetzt hatte: 92 Prozent eines jeden
Jahrgangs besuchte im Rahmen der Schulpflicht schulgeldfrei die
Volksschule, bis zum 14. Lebensjahr. In Deutschland konnte bei

---

[191] Vgl. Michael Stürmer, Das ruhelose Reich, aaO., 380.
[192] Robert P. Ericksen, Theologen unter Hitler, Carl Hanser, München,
Wien, 1986, 9.

Untersuchungen von jungen Rekruten um 1900 bis auf ein Prozent jeder lesen und schreiben, während in Europa die Rate der Analphabeten zum Teil noch deutlich über 50 Prozent betrug. Unabhängig von den statistischen Schwierigkeiten, die ein solcher Vergleich mit sich bringt, erschreckt der Vergleich mit der Gegenwart, in der die Schulpflicht in Deutschland zwar flächendeckend durchgesetzt wird, aber dennoch eine hohe sekundäre Analphabetismusrate herrscht. Nach einer Studie der Universität Hamburg waren 2011 etwa 4 Prozent bzw. 2 Millionen der Erwachsenen totale, sowie mehr als 14 Prozent bzw. 7,5 Millionen funktionale Analphabeten.[193]

Der damalige Visionär unter den deutschen Intellektuellen, Walther Rathenau, der während des Ersten Weltkriegs fast nebenher die deutsche Kriegswirtschaft organisiert hatte, - allerdings als preußisch-jüdischer Industrieller nicht den Rückhalt fand, seine politischen Visionen auch als Politiker praktisch umzusetzen, schreibt schon 1917:

> Was wir glauben, was wir erhoffen, wofür wir leben, wofür wir uns opfern, das wird uns niemals der Verstand verkünden; Ahnung und Gefühl, Erleuchtung und Intuition führen uns in das Reich der Mächte, die den Sinn unserer Existenz beschließen.[194]

Diesem Abgesang auf eine der Säulen deutschen Geistesstolzes folgt die verheerende Bilanz des Weltkrieges, der weltweit fast zehn Millionen Todesopfer und etwa 20 Millionen Verwundete unter den Soldaten forderte. Für Deutschland hatten 13,25 Millionen Männer Militär-

---

[193] Angaben nach der Leo-Studie von 2011.

[194] Wather Rathenau, Zur Mechanik des Geistes, S. Fischer Verlag, Berlin, (1913) 1917, 15. Als jüdischer Intellektueller und höchst erfolgreicher Industrieller an der Spitze der AEG war er während des Krieges auch an Deportationsentscheidungen gegen Belgier beteiligt. Er war ein Freund Gerhart Hauptmanns. Trotz seiner erfolgreichen außenpolitischen Verhandlungen im Hinblick auf die Reparationen wurde er am 24. Juni 1922 von Rechtsradikalen ermordet.

dienst geleistet, von denen 1.808.000 gefallen waren; 1,1 Millionen wurden als Kriegsinvaliden anerkannt.

Damit hatte der Krieg großen Einfluss auf die Demographie Europas. Was die Nachkriegswirtschaft zusätzlich belastete, war eine gewaltige Zahl von Kriegswaisen und -witwen in erheblicher sozialer Not.[195] Die verschärfte sich nach der Demobilisierung, da die zurückströmenden Männer dafür sorgten, dass viele der Kriegswitwen aus ihren angenommenen Berufen wieder in die Arbeitslosigkeit verdrängt wurden und damit ohne Einkommen blieben.

Was nach dem Zusammenbruch kommen würde, hatte Walther Rathenau bereits vorhergesagt:

> Auch diesmal wird das Erstarken der Seelenkräfte durch Materialisationen führen; Wahrsagerei und Aberglauben, Konventikel und Muckereien, Frömmelei und Intoleranz, Puritanismus und Askese, Reaktion und Mystizismus werden in neuen Formen wuchern. So sprießt an verwüsteten Stätten eine Unkrautflora hervor, damit der Boden für edlere Pflanzen gelockert werde. Aber das Leben des geistigen Mißwachses wird zeitlich, örtlich sich enger beschränken als in früheren Epochen und der reinen Saat Raum zum Wachstum und zur Ernte lassen.[196]

Dass die zeitliche Dauer bis 1945 dauern würde, hat sich Rathenau gewiss anders vorgestellt; auch dass der Misswachs in braunen Uniformen den Boden ein weiteres Mal verbrennen würde, gehört zu den Alpträumen, die er sich intellektuell nicht erlaubt hat, der er selber durch völkische Attentäter wird sterben müssen. In „Die Geächteten" hatte der jugendliche Attentäter Ernst von Salomon geschildert, wie die rückkehrenden Soldaten den Glauben der Zivilgesellschaft in ihre

---

[195] Vgl. Erster Weltkrieg, Art. Wikipedia, abgerufen 4.1.2017; Stürmer, Ruheloses Reich, aaO. 378.
[196] Walter Rathenau, 1917, aaO,

„Helden" zerstreuten. Das Attentat auf Walther Rathenau und die wochenlange Jagd auf die Attentäter zeigte der deutschen Öffentlichkeit eine zerstörte, aus der Bahn geworfene Generation. Man interessierte sich für Leute wie Werner Techow als Fahrer des Tatfahrzeugs[197], den man für Rathenaus Neffen hielt. Während Techow rebellisch für eine Zeitlang in die NSDAP eintrat, gehörte zu Salomons Freunden z.B. Arvid von Harnack, der Neffe des großen Adolf von Harnack und zugleich Vetter Dietrich Bonhoeffers, der später als Mitstreiter der „Roten Kapelle" hingerichtet wird.[198] Unbeschadet ihrer Authentizität bezeichnet die in Salomos „Fragebogen" nachträglich geschilderte Diskussion über den Rathenaumord die ganze Wirrnis der Generation junger Menschen, in deren Vergangenheit nicht Bildung, sondern Gewalt die Normalität gewesen ist. Salomon war schon früh wegen mäßiger Schulleistungen in eine Kadettenanstalt geschickt worden.[199] Ernst von Salomon wird nach dem Zweiten Weltkrieg seine Erfahrung als Attentäter in eine Art Entnazifizierungsfragebogen eintragen und sich damit zu rechtfertigen suchen:

> ...es war eine ähnliche Atmosphäre, wie sie wohl zu den Zeiten herrschte, als die russischen Sozialrevolutionäre ihre Attentate planten, nur mit dem allerdings schwerwiegenden Unterschied, daß deren Entschlüsse zuletzt doch den Glauben an die Durchsetzung einer Ideologie... entsprangen, und unsere mehr einem allgemeinen Gefühl.[200]

---

[197] Vgl. Martin Sabrow, Rathenaus Neffe und der Mörder, F.A.Z., Bilder und Zeiten, 5.7.1997.

[198] Arvid von Harnack, Art. Wikipedia, abgerufen am 7.2.2017.

[199] Von Salomon, Fragebogen, S. 128ff. Salomon kam schon früh wegen mäßiger Schulleistungen in eine Kadettenanstalt.

[200] Vgl. Ernst von Salomon, Der Fragebogen, Rowohlt Hamburg, 1951, Sonderausgabe Europäischer Buchklub, Stuttgart, Zürich, Salzburg, o.J. - Der damals 19jährige Kadett schildert hier u.a. seine Beteiligung am Rathenau-Mord und was danach aus ihm wurde.

Der Verlust einer preußisch-deutschen Normalität, die seit der Reichsgründung – und in Nassau bereits seit 1866 unter dem König von Preußen gestanden hatte und dann auch unter dem deutschen Kaiser als dem höchsten Bischof der evangelischen Kirche, bedrückte viele. - Den meisten war klar, dass der Kaiser Mitschuld trug an dem grauenhaften Blutzoll, den junge deutsche Männer vergeblich in diesem grauenvollen Krieg hatten bezahlen müssen. Der Krieg half, die Monarchie zu überwinden, aber das bedeutete noch nicht, dass man in Deutschland das liebte, was danach kam. Viele vermissten sie, diese Staatsraison in ihren vielfältigen, bunten, stets mit Sorgfalt ausgewählten Uniformen, bis Paul von Hindenburg[201] 1925 vom Volk als Kaiserersatz zum zweiten Reichspräsidenten gewählt wurde. Im Ersten Weltkrieg hatte die von ihm geführte Oberste Heeresleitung von 1916 bis 1918 quasi diktatorisch die Regierungsgewalt ausgeübt. Im Hinblick auf eine ordensdekorierte Brust, - den Hindenburgstern hatte der Kaiser für ihn erfinden müssen,- ähnelte er dem Kaiser, zumal er - wie dieser - anderen die Entscheidungen überließ. Im Krieg focht sein Adlatus Ludendorff die Schlachten, während sich Hindenburg um pünktlichen Mittagschlaf kümmerte und ausgeschlafen gegen den Kaiser intrigierte. Sechs Monate nach seiner Ernennung zum Reichskanzler, die einer Wahlniederlage der NSDAP im November 1932 folgte, hatte es Hitler Hindenburg zu verdanken, dass ihm die totale Herrschaft zufiel. Der oberste Diener der deutschen Demokratie hatte diese in wenigen Jahren an ihr absolutes Ende gebracht.[202]

---

[201] Paul Ludwig Hans Anton von Beneckendorff und von Hindenburg (1847 - 1934), deutscher Generalfeldmarschall und Politiker. Vgl. Wikipedia, Paul von Hindenburg, Art., abgerufen am 5.1.2017.
[202] Vgl. Ian Kershaw, Höllensturz, aaO. 302.

2.   Fritz Philippi nach der Heimkehr

Wie Philippi zur Demokratie stand, wird aus seinen Büchern und
Beiträgen nicht klar deutlich; allerdings hat er eine Trennung der Kirche vom Staat unbedingt begrüßt und wird sich in diesen ersten Jahren
an der Suche nach einer Verfassung für eine selbständige Kirche aktiv
beteiligen. Was die Weimarer Republik als demokratisches Staats-
system betraf, hatte er Vorbehalte, die noch von seiner positivisti-
schen Einstellung geprägt ist: Er meinte, dass die Demokratie besser
funktioniere, wenn das Volk pädagogisch auf seine Rolle als Souverän
vorbereitet worden wäre.

**Es ist eine schwere Ungunst der Verhältnisse, daß bei uns die
Masse unvorbereitet zur politischen Herrschaft gelangt ist.** [203]

Hier wird wieder der Einfluss eines Denkens wie das von Gustave Le
Bons „Psychologie der Massen" spürbar, das vor diesen Massen gewarnt hatte, wenn sie nicht durch einen Führer gezähmt würden. Ian
Kershaw hat dies international so erfolgreiche Werk als „Pflichtlektüre
angehender faschistischer Diktatoren" genannt, denn es warnt: Die
Vernunft schwinde, wenn das Individuum den irrationalen, emotionalen Impulsen der Masse ausgesetzt wird."[204] Für die, die Kenntnis
dieser Betrachtungen hatten, verwandelte sich die deutsche Gesellschaft nach der Abdankung des Kaisers, der zuvor ihr „Führer" gewesen war, in eine wilde Masse, wie es Le Bon ihnen vorgegeben hatte[205]

Im persönlichen Leben überwog bei Philippi sicherlich zunächst die
Erleichterung, dass die eigene Familie komplett und wohlauf nach dem
Krieg wieder beisammen war. Und dies unter dem Eindruck der

---

[203] Fritz Philippi: Die geistige Krisis der Gegenwart und die Zukunft des
Menschen, Art. Christliche Welt, Marburg, 12. Mai 1921, Sp.345: Beitrag
im Supplementband, 195.
[204] Kershaw, Höllensturz, 33.
[205] Gustave Le Bon: Psychologie des foules, Paris, 1895, deutsche
Übersetzung: Psychologie der Massen, Leipzig, 1911.

Hunderte, die aus dem eigenen Stadtviertel Angehörige im Krieg gelassen hatten. In der Ringkirche gab es eine Initiative, in der Reformatorenhalle einen Gedenkstein für die Gefallenen einzubauen. Davon wurde Abstand genommen, weil die Namen wegen ihrer großen Zahl so klein hätten ausfallen müssen, dass man sie zum Teil kaum hätte entziffern können. - Es zeichnete sich ab, dass bei Familie Philippi die Tochter Hanna bald ausziehen würde, um ihre eigene Familie zu gründen.

Vielleicht brachte die lange Abwesenheit auch eine neue Nähe zu Philippis Ehefrau Elisabeth, wenn die gemeinsame Zeit nicht mehr überschattet war von dem regelmäßigen schlechten Gewissen, das viele Militärs im Frontdienst beschrieben haben, wenn sie beim Heimaturlaub ihre Kameraden im Stich ließen. Philippis Erleichterung veranlasste ihn wohl, am 29. Oktober 1921 das folgende Gedicht zu schreiben:

Weib[206]

Warum darf ich nicht auch in deinen Küssen,
wenn innig meine Arme dich umschlingen,
lobpreisen, Gott, daß du hast werden müssen?
Mein Frohsein kündet ein Zusammenklingen
Mit diesem heilig unsichtbaren Dritten
Der zwischen Mann und Weib inmitten.
Des Lebens Hochgefühl ist Dankbarkeit
von Weggefährten in der fremden Welt.
Wir sind, vom Fluch des Einsamseins befreit,
sind sichtbarlich einander gottgesellt.
Zu Häupten schließt der Himmel seinen Ring.
Wir sind uns Gottes Mittelding.

---

[206] Dieses Gedicht steht in einem unveröffentlichten Bändchen von 1920/21. Ms. Im Archiv der Ev. Ringkirchengemeinde.

Das Gedicht beschreibt einen möglichen Weg aus der katastrophalen gesellschaftlichen Lage, den viele Deutsche nach dem Zweiten Weltkrieg nehmen werden, den Weg in die eigene familiäre Idylle, die wenigstens die Illusion vermittelt, man könne sich dem Leben da draußen entziehen. Philippi wird diesen Weg nicht wählen. Er setzt sich auch und gerade in dieser Zeit mit der gesellschaftlichen Wirklichkeit auseinander, indem er sich dem Gesellschaftsroman zuwendet. Der Krieg zunächst und dann sein Ausgang hatten von fern die Familie als Urlaubsidylle wirken lassen, wenn die Kameraden an der Front um das blanke Überleben rangen. Die Wirklichkeit mit ihrer Armut, den vielen Arbeitslosen und der Entfremdung vieler Ehen zeichnet ein anderes Bild. Ein Leben lang hatte man die Deutschen gelehrt, dass der Fortbestand des Vaterlands vom Waffendienst der Männer abhänge. Das hatte auch Philippi als Feldgeistlicher den für Preußen kämpfenden Soldaten mitgeteilt. Doch nun steht das Vaterland trotz oder aufgrund dieses enorm hohen persönlichen Einsatzes im Krieg schlimmer da als je.

Auf der Ebene von Macht und Politik ist nichts zu beschönigen: Jedoch nach den Folgen von Kampf, Qualen, Schmerzen, Verletzungen, von Leiden und Sterben stellt sich den Kriegsteilnehmern insbesondere, dann aber auch deren Angehörigen, die Frage nach dem Sinn dieses bedingungslosen Einsatzes. Wenn nicht ein glänzender Sieg alle Unbill belohnt hatte, liegt der Sinn vielleicht auf einer anderen Ebene? Die politischen Verhältnisse geben ihre Antwort mit der Abschaffung der Monarchie und ihrer Institutionen. Für Philippi ist das nicht die ausreichende Würdigung, die dem Preis der Opfer gerecht worden wäre. Auch eine Wirtschaftsreform, die Europa ökonomisch zusammenführe und effizienter werden ließe, wäre ihm kein ausreichendes Gegengewicht für das Opfer der Vielen gewesen.[207]

Er stellt seine Kraft in den Dienst einer Verkündigung, die die Toten des Krieges dadurch rechtfertigen sollte, dass ihr Leiden und Sterben dem Rest der Welt den Weg zu Gott weist und mithin eine neue

---

[207] Vgl. F.Ph. Die geistige Krise …, 1921, aaO., Supplementband, 179ff.

Menschheit hervorbringt. - In der Schützengrabenwelt hatten die Männer erfahren, was bleibt, wenn der Mensch nur noch seine nackte Seele besitzt. Philippi war aufgefallen, dass die seelische Situation des Frontsoldaten der des Gefangenen in der steinernen Mauerhaft einer Gefängniszelle ähnelte, wie er sie aus seiner Diezer Zeit kannte. Junge Männer wurden in ihren besten Mannesjahren ihrer Freiheit beraubt, man sperrte sie vom bürgerlichen Friedensdasein aus. Der Krieg war ihr Kerkermeister. - Spenglers „Untergang des Abendlandes" ist hier vorweggenommen gewesen: Sie mussten zum Primitiven zurück-kehren, jede höhere Kultur fiel weg, nur die Grundform blieb, das Typische. In den feldgrauen Männern blieb nichts als die triebmäßige Kreatur und die nackte Seele. Das Tier im Menschen knurrte um ein letztes warmes, trocknes Plätzchen, um Essen und Schlaf. Seine Schlauheit suchte Deckung und drückte sich vor Strapazen.[208]

Und seine Seele hatte zur Gegenwehr allein ihre göttliche Natur. Ähnlich hatte es auch Rathenau ausgedrückt: „Nichts ist in mir, das den Willen rechtfertigt, gehört zu werden, außer dem Glauben an die Seele und ihre Verwirklichung."[209] In der Vorstellung Philippis küm-merte die Seele hin im mystischen Nebel von Stimmungen und Sehn-süchten. Sie baute sich ein Blumenbeetchen auf die Schulterwehr am Schützengrabenrand und harrte auf die Stunde der Erlösung aus dem lebendig Begrabensein.[210]

Philippi wechselt hier in eine darwinistische Sicht – im Hinblick auf die Seele: Die schwachen Seelen erliegen; den Starken wird die Aufgabe gestellt, sich als Held zu behaupten, als Mensch gegenüber dem Tierreich und gegen die entmenschte Technik, die sich im Krieg als Fleischhackmaschine brutaler Naturgewalt erweist. Wenn die Seele im Sturmangriff herausgefordert wird, dann solle sie zeigen, dass sie den Mut dazu hat, das sichtbare Leben hingeben zu können, im Vertrauen

---

[208] Vgl. F.Ph., Die geistige Krisis, 1921, aaO. Sp. 344.
[209] Walther Rathenau „An die deutsche Jugend, 1918.
[210] Vgl. F. Ph., Die geistige Krise, 1921 in „Die christliche Welt", aaO. Sp. 344.

auf ein unsichtbares Sein. Getreu seiner idealistischen Sicht deutet Philippi das Kriegsgeschehen neu:

> Geistig angesehen, haben nicht die Mittelmächte den Krieg verloren und die Entente ihn gewonnen. Sondern das gesamte geistige Europa hat den Krieg verloren! Insbesondere ist die Niederlage Wilsons auf dem Pariser Friedenskongreß[211] die Niederlage der idealistischen Welt.[212]

Der amerikanische Vertreter der Siegermächte, Woodrow Wilson, hatte auf der Pariser Friedenskonferenz einen 14-Punkte Plan eingebracht, der dem Selbstbestimmungsrecht der Völker auch im Hinblick auf die Deutschen entsprochen hätte. Er hätte auch dem Friedensvorvertrag entsprochen, den die deutsche Seite akzeptiert hatte *(H. Diwald)*, ließ sich aber gegen die europäischen Verbündeten nicht durchsetzen.

Das Geistige, die Seele soll hier den Beweis erbringen, dass es etwas Stärkeres gebe als den Selbsterhaltungstrieb und das Toben der Maschinengewalt. Den Tod idealisiert Philippi zur „schöpferischsten Tat des Lebens", [213] das Opfer wird zur Mutter einer diffusen Neugeburt.

Philippi beschreibt als Zeichen der Hoffnung das genannte Erlebnis während der letzten Offensive, als er auf zwei deutsche Kriegsgräber traf. Auf ihnen lag ein Stahlhelm mit einem Kranz rostigen Stacheldrahts. „Jeder Atemzug spürte die Verwesungsluft; aber mein Auge sah ein Zeugnis der deutschen Seele. Die Hand, die für den toten Ka-

---

[211] Der Pariser Friedenskongress 1919/1920 besiegelte die Folgen des Ersten Weltkriegs. Vgl. wikipedia, „Pariser Friedenskonferenz", abgerufen 30. 5. 2016.
[212] F.Ph., Die Krise, aaO. Sp. 341.
[213] Vgl. die Reflexionen über den Tod Ernst Wurches im „Wanderer zwischen beiden Welten".

meraden das Heilandskränzlein nachbildete als Grabmal, verkündete mir das Nahen eines neuen Menschentyps."[214]

Philippi sieht den Boden für diesen Menschentyp darum in Deutschland, weil sich dieses Land in der Nachfolge seines erniedrigten Erlösers befand:

Mein Volk, mein Fleisch und Blut!

Gekreuzigt Volk! Ehrwürdig bist du mir
Um deiner grenzenlosen Ohnmacht willen.
Als einzig Tun blieb noch das Leiden dir,
und deine Stirne weiset Qualerfüllen.
Mein Volk, mein Fleisch und Blut! Von Geiselhieben
Jeglicher Pein dir alle Glieder schauern
Und Schlag um Schlag wächst unaufhaltsam Lieben
In mir, und mag nicht mehr am Boden kauern.
Schon reicht mein Fingerstrecken an die Wolke
Mit ewgem Donnern öffnet sich ein Schein:
Gekreuzigt ward der Leib dem deutschen Volke,
nun haucht ihm Gott die Heilandsseele ein![215]

Philippi identifiziert das deutsche Volk als Kriegsverlierer in seiner historischen Gestalt mit Christus, die Leiden der Nachkriegsjahre mit Jesu Kreuzigung. Außer dem Stacheldrahtkränzchen auf dem Kriegsgrab hat er keine Anhaltspunkte dafür, dass Gott dem deutschen Volk die „Heilandsseele" einhaucht. Das „Sieg heil!", das nur wenige Jahre später erschallen wird, gehorcht einem ganz anderen Gott!

Dennoch bleibt es Philippis Anliegen, Zeitansagen literarisch zu verarbeiten. Botschaften, die den Charakter der Welt ausdrücken sollten, ließen sich nicht mehr in handliche Geschichten einhüllen oder in intuitive Lyrik, darum gewinnt die Romanform oder – noch ver-

---

[214] F. Ph, Die geistige Krisis, aaO. Sp. 344.
[215] Aus dem Manuskript Gedichte von 1921-1922 aaO.

schlüsselter, das theatralische Drama eine besondere Bedeutung. Wo Philippis Arbeiten der Gestaltung einer neuen Welt dienen sollen, scheinen sie ein weitaus weniger gnädiges Publikum zu finden als seine prominenten Geschichten aus dem Westerwald, zumal die Konkurrenz auf dem Buchmarkt immer schärfer wird – und letztlich schreibende Pfarrer vielleicht auch den Vertrauensverlust hinnehmen müssen, den ihre kriegsfromme Propaganda ausgelöst hat.

Seine literarischen Arbeiten sollen nun vorgestellt werden.

3.   Literarisch leben, Bücher und Beiträge

Insgesamt 266 Gedichte in drei Bändchen hat Philippis Freund, Karl Weckerling, gezählt.[216] Sie zeugten seit dem ersten Gedichtband, 1901,[217] von einem etwas unentschlossenen Gestaltungswillen des Dichters. Philippi gehörte nicht zu einer klaren poetischen Richtung und es finden sich bei ihm gebundene, metrisch korrekte und gereimte Arbeiten ebenso wie ungebundene Sprache, z.T. eine Mischung von allem. Für Freunde einer straffen, ausgearbeiteten Form sind die Gedichte von Fritz Philippi nichts. Auch inhaltlich geht es durcheinander: Manches Gedicht scheint ein Gelegenheitsgedicht für häusliche Zwecke gewesen zu sein, manches spiegelt das einsame Ich in seinen emotionalen Nöten, manches Glaubenskonflikte oder Gefühle gegenüber der Ewigkeit. Dazu kommen die 15 Kriegslieder, die dem heutigen Leser nahezu unerträglich sind, da sie im akuten Überschwang nationalistischer Gefühle entstanden sind.[218]

---

[216] Karl Weckerling, Fritz Philippi, 1942, aaO. 320.
[217] F.Ph., Aus der Stille, Lieder, Verlag von Eugen Salzer, 1901.
[218] Vgl. oben IV.

Methodisch zeigen gerade die Kriegsgedichte aufgrund der kurzen Frist zwischen Kriegserklärung und Erscheinungsdatum, dass Philippi seine Gedichte sehr schnell, „aus einem Gefühl heraus" entstehen ließ. Er hat der allmählichen Bewältigung der formalen, sprachlichen und inhaltlichen Aufgaben nur wenig Zeit gelassen. Zeitweise fanden diese Gedichte durchaus dankbare Aufnahme bei Zeitungs- und Zeitschriftenredaktionen und beim Publikum; auch fanden sie sich in zeitgenössischen Anthologien, woraus sie aber schon nach kurzer Zeit wieder verschwinden.

Mit seinen Dramen kann Philippi offenbar keinen wirklich großen Bühnenerfolg erzielen.[219] Das Stück, „Pfarrer Hell-mund", das er 1913 geschrieben hatte, um die Amtsentsetzung zu the-matisieren, die den Pfarrer Carl Jatho in Köln getroffen hatte, weil er etwa ab 1907 in seiner Konfirmandenarbeit einen Pantheismus vertrat, den auch Adolf von Harnack ablehnte, ist immerhin in Köln uraufgeführt worden. Für den Prozess gegen Jatho musste Preußen eigens ein passendes Gesetz[220] verabschieden, das 1911 zu Jathos Amtsenthebung führte. Allerdings hat schon die zeitgenössische Kri-tik die dramaturgische Qualität des Dramas infrage gestellt: Gerhard Heine, selbst Theologe, der schlechte Erfahrungen mit der preußischen Kirche gemacht hatte, räumt ein, dass Philippi die dichterische Bewältigung gelungen sei, dass das aber für die Darstel-lung von Handlung und Personen nicht gelte, weil sie zu sehr auf das tragische Ende hin gezeichnet wären.

In einer autobiographischen Notiz für die Wiesbadener Zeitung bittet Philippi die Leser, auf die Intendanz des Staatstheaters einzuwirken, dass diese noch einmal seinen „Belial" aufführen möge, auch wenn der

---

[219] Karl Weckerling, Fritz Philippi, 1942, aaO.,319.
[220] Das „Irrlehregesetz" bezeichnet das „Kirchengesetz betreffend das Verfahren bei Beanstandung der Lehre von Geistlichen". Es ermöglichte die Lehrzucht, die es bis dahin nur im Rahmen der Katholischen Kirche und ihrem Lehramt gab.

Nüsse zu knacken gebe.[221] Der Belial wurde unter außerordentlicher Anteilnahme der nationalen Presse in Wiesbaden uraufgeführt, aber nach kurzer Laufzeit abgesetzt. Die Intendanz begründete das mit den Mindereinnahmen gegenüber dem sonstigen Repertoire, die man sich in diesen kargen Zeiten nicht leisten könne. Das Stück selbst hat einen durchaus packenden Beginn, indem eine Verschwörung von Teufeln die Technik dazu benützt, um die Menschen zu entmenschlichen und sie dafür zu „versachlichen". Leider verdirbt ein verquaster und nicht nachvollziehbarer Schluss den guten Eindruck, den dieses Schlüsselwerk zu Anfang macht. Das Stück beweist, dass Philippi spätestens jetzt – 1924 - seine Haltung zum Ersten Weltkrieg geändert hat.

In der Kurzprosa, seinen Westerwälder Geschichten, hatte Philippi seine ersten Schritte getan, hier war er zuhause und sie begleiten auch seine Jahrzehnte in Wiesbaden. Sie kommen seiner literarischen Methode, dem „Fabulieren" sehr entgegen: Ein Wort, ein Bild, eine Begegnung oder eine Situation kann für ihn zum Ausgangspunkt einer kompakten Handlung werden, die meist eng verwoben ist mit dem Umfeld, aus dem er diesen Impuls empfangen hatte und Charakteren, die den Originalen präzise nachgezeichnet sind. Diese Art der Erzählung ist allerdings nicht für die Zeitkritik des zunehmend komplexer werdenden großstädtischen Lebens in Deutschland geeignet. Deren letzte Ausgabe, eine große Sammlung Westerwälder Geschichten, gibt er 1927 in Druck.[222]

Für die literarische Bearbeitung der Zeitfragen bedient sich Philippi der großen Form des Zeitromans, der sich zunächst noch um das Zuchthaus – Adam Notmann, 1906 - oder den Einzug des Kapitalismus in das Dorf dreht - Weiße Erde, 1913, - aber in Wendelin Wolf aus dem Kriegsjahr 1916 ist der Roman unabhängig von den Orten, wo Philippi einmal gewirkt hat. Die intensiven, symbolisch sprechenden Natur-

---

[221] Vgl. F.Ph., Autobiographisches im Tagblatt, 1925, Supplementband.
[222] F.Ph., Aus dem Westerwald, Gesammelte Erzählungen, Wegweiser Verlag, Berlin, 1927.

bilder, die er hier einträgt, verdankt Philippi seinen Eindrücken auf Urlaubsreisen. Philippi war ein erlebnisorientierter Autor:

> Auch als Pfarrer bin ich ein Menschensucher und, was ich unter diesen zweibeinigen seltsamsten Herrgottsgewächsen erlebte, habe ich in meine Botanisiertrommel, d.h. ins Buch gesteckt.[223]

In der Botanisiertrommel liegen die Fundstücke noch kunterbunt und ungeordnet. Dass Philippi seine Erinnerungen als Literatur verkauft, gesteht er hier unfreiwillig. Eigentlich wäre die Botanisiertrommel die Erinnerung und das literarische Werk entspräche der Sammlung, wo das Gefundene sorgfältig präpariert und hinter Glas bewahrt wird. Dies sorgfältige Präparieren, Operieren, Aufspießen und Dokumentieren war die Sache Philippis nicht. Obwohl er gern sein eigentliches Anliegen in seiner Prosa verbirgt, ähneln doch seine Sujets immer den jeweiligen Umgebungen. Seine Westerwälder Geschichten erzählen Westerwälder Sachverhalte und diskutieren nicht die Folgen des Bohr'schen Atommodells. Es fällt auf, dass Philippi für seine Kreativität Distanz braucht. Als Fremdkörper im Westerwälder Dorf war er zur Höchstform aufgelaufen; als der alleinige Verteidiger der Strafgefangenen war er literarisch produktiv. In seinem hochengagierten Einsatz im Krieg, mit dem er sich bis zu allerletzt hoch identifiziert, sind seine Geschichten von bemerkenswert schlechter Qualität.[224] Die zahllosen kleineren Arbeiten aus dem Krieg sind eher als Reportagen denn als Erzählungen einzuschätzen. Sie sind klarer in ihrer Intention, aber eben als Mitteilungen von der Front banal – gerade wenn man sie mit der weitaus tiefer greifenden Kriegsprosa Jüngers oder Remarques vergleicht.

Noch im April 1918 mahnt Philippi aus dem Fronteinsatz die Menschen daheim, den Krieg als lebens- und todesgewaltig ernst zu

---

[223] Vgl. F.Ph., Autobiographisches im Tagblatt, Supplementband, 416ff.
[224] Vgl. oben „Hemmungen" und „Wie es dem Doktor Allwissend im Club der alten Hunde erging". Beide in: Jugend, München.

nehmen.[225] Man habe zuvor den Frieden nicht ernst genommen, und jetzt werde der Krieg totgeredet.

> Uns hier draußen brüllt seine eiserne Wirklichkeit in die Ohren Tag und Nacht und legt uns unsere blutenden Brüder immerzu vor die Augen und fragt: Glaubst du, daß ich bin! Und unser Herzschlag gibt Antwort: „Ja du bist!"

Philippi kritisiert die „unzeitgemäßen Flötenspieler des Friedens", dass sie Beifall von der falschen Seite bekämen. Das Zerstörungswerk des Krieges sei nur eine Dimension; der Krieg habe darüber hinaus eine Mission, den verschütteten Weg der Seele freizulegen. Im Unsichtbaren habe der Krieg sein schöpferisches Sein. Der Krieg stelle die Völker vor die Entscheidung, ob sie im Sichtbaren oder Unsichtbaren ihr wahres Leben finden wollen.

> Das ist der im Krieg unsichtbare Wille Gottes, daß er das Reich der Seele darstellte als die obere Wirklichkeit durch eine grauenvoll-plastische Brutalität, daß die Menschen keine andere Zuflucht haben als ihre Seele und daß der Überwert der Seele sich darstellte auf blutig rotem Hintergrund.

Philippi möchte, dass der Krieg die Seele Deutschlands erneuere, bevor er endet. Er appelliert, dass die Deutschen den Krieg bald erfahren lassen sollen, daß seine Zerstörungslust im Sichtbaren überboten werde durch ihre Freiwilligkeit. Dann träte der Krieg ab, weil er nichts mehr zu bestellen hätte. - In dieser Personifizierung des Krieges liegt die Gefahr, dass Philippi die wirklichen Menschen aus dem Blick verliert, weil er in seinen idealistischen Träumen übersieht, dass sowohl die Ressourcen als auch die Kräfte aufgebraucht sind. Nicht der Krieg verlangt nach seinem Ende, sondern die Menschen, samt Leib und Seele!

---

[225] 1918 - Die Mission des Krieges, Evangelisches Gemeindeblatt, Wiesbaden, 28. April 1918, Supplementband, 285f.

Philippi teilt mit, dass der verlorene Krieg und seine literarischen Folgen seine Feder verstopften: „Nur über meine vier Kriegsjahre habe ich noch nichts schreiben können. Ich kann da noch nicht dran', noch nicht endgültig Stellung nehmen.", schreibt Philippi 1925.[226]

Das ist nicht die ganze Wahrheit: Während des Krieges verfasst er für die Christliche Welt „Altmutter"[227], ein Bauerndrama, bei dem noch immer Siegeshoffung und Opfergeist den Sinn benebeln wollen, damit junge Leute auch gegen den Willen ihrer Eltern an die Front gehen. Es erscheint 1916. Wie oben bereits dargelegt, lässt er 1917 in der Zeitschrift „Jugend" auch noch die Erzählungen „Hemmungen" und „Wie es dem Doktor Allwissend im Klub der alten Hunde erging", zwei wenig überzeugende Werke, abdrucken. Auch unterhält er eine rastlose Korrespondententätigkeit während seines Dienstes für einige Zeitschriften.

Zur gleichen Zeit, lange nach den Diezer Erfahrungen mit dem Zuchthaus und bereits im Fronteinsatz, vollendet er im Kriegsjahr 1916 „Wendelin Wolf", einen naturorientierten Roman. Er schildert ein Leben „von unten" von einem, der immer wieder zwischen der Landstraße, Gelegenheitsarbeit und Kleinkriminalität hin- und herpendelt und am Ende glaubt, durch eine Flucht ins Gebirge sein altes Leben hinter sich lassen zu können.

Auf den ersten Blick hat der Roman nichts mit den aktuellen Erfahrungen Philippis an der Westfront zu tun. Vielleicht war er auch zunächst als reiner „Gefangenen-Roman" geplant. Bei näherer Betrachtung wird eine Analogie spürbar, dass der Stellungskrieg die Soldaten ebenso einsperre wie ein Zuchthaus.[228] Von da aus träumt sich die Geschichte aus der Repression militärischer „Stationierung" in die

---

[226] Vgl. F.Ph., Autobiographisches im Tagblatt, Supplementband, 416ff.
[227] F.Ph., Altmutter, Zeitschriftenbeitrag, CW, 1916, Supplementband,177ff.
[228] F.Ph., Front und Kirchlichkeit, CW, 10.2.1916, Sp.136. Supplementband,.180ff.

von Kriegsherr, Volk und Vaterland freie Existenz, zu der auch die Urlaubslandschaften der Alpen gehören können. Eine Existenz in der Freiheit der Landstraße, eine Existenz im fernen Urlaubsparadies, ist wohl eine, die im Einklang steht mit der ewigen Sprache der Natur. Nach der Vorstellung Philippis gehört zum Ausdruck der Ewigkeit auch die Zugehörigkeit zu einem Volk oder Vaterland. Darum holt die Stimme des Ewigen den geflohenen Sträfling in der Natur wieder ein. Er holt ihn zwar aus seiner Stumpfheit, aber er vermag ihm nicht ein neues irdisches Leben zu schenken, das nicht mehr mit seiner Herkunft und Vergangenheit verwoben wäre. Das, was ihn von einem Ende in Schande unterscheidet, ist, dass er seinem Abschied vom Erdenleben zustimmt. Dieses Ende bereitet ihm die Natur in dem Augenblick, als er seiner Bestimmung zum Untergang gewärtig wird. Mithin lässt sich dieser „Zuchthausroman" nach dem poetologischen Schlüssel Philippis, dass der Autor sein Anliegen in der Romanhandlung versteckt, um es allein zu besitzen,[229] sehr wohl als verborgener Weltkriegsroman entschlüsseln. Der tote Wendelin Wolf ist der Soldat, der dann doch ins Einverständnis tritt, dass sein Dienst an der Waffe sein vom Ewigen befohlener Lebensweg ist, dem er nicht ausweichen kann, auch wenn das Schrapnell kommt.

In den Monaten nach dem Krieg entdeckt Philippi, dass es viele junge Leute gibt, die mit ihm nicht unvertrauten Wandervogel-Gefühlen aus der Zeit vor dem Krieg in die Phantasiewelt der Weltentsagung entfliehen wollten. Bereits in den Schützengräben gab es einen Trend, dass nüchterne Soldaten theosophische Anwandlungen bekamen und die zahllosen Heilsanbieter der Zeit nach dem Krieg, lassen Philippi literarisch tätig werden. Seine Geschichte spielt in der „Provinz", diesmal aber nicht im Westerwald, sondern in Norddeutschland. Hier lag bereits seit 1889 zum Beispiel die Künstlerkolonie Worpswede. Karl Weckerling schreibt, dass Philippi seine Urlaubsaufenthalte in List auf Sylt zu Recherchen für solche Sujets genutzt habe. So entsteht „Weltflucht", der Roman einer „Siedelung". Die Botschaft Philippis an

---

[229] F.Ph., Der Narr in Christo, Art., CW,1910,Sp. 295ff Supplementband, 61.

die Jugend seiner Zeit ist, dass in dieser konfliktreichen Zeit nicht die Flucht in ein Wolkenkuckucksheim angesagt sei, sondern die aktive Suche der Besten nach neuen Wegen für das gesamte deutsche Volk. Wie bei Gustave Le Bon und Walter Flex spielt auch in diesem Roman der „Führer" eine wichtige Rolle, der die Einzelnen aus der Masse zu ihrer Menschlichkeit zu führen hat.

Zwei Werke aus früheren Tagen darf Philippi überarbeiten, um sie dem Nachkriegspublikum neu anzubieten. In dem Roman „Erdrecht"[230] erzählt er seinen Abschied von Breitscheid. Das Original war unter dem Titel „Weiße Erde" 1913 erschienen. Es hatte ein Westerwälder Dorf geschildert, das sich in Wellenbewegungen immer zwischen reaktionärer ländlicher Beharrung in seiner autonomen Dorfökonomie einerseits und andererseits einer überkandidelten Anpassung an die selbstempfundene Modernität des Industriekapitalismus hin- und herbewegt. Interessant wäre gewesen, wenn Philippi bei der erfolgten Überarbeitung auch einer veränderten Theologie und Wirklichkeitsschau nach dem Krieg Rechnung getragen hätte. Leider ergibt ein detaillierter literarischer Vergleich[231], dass es sich weitgehend nur um redaktionelle und sprachliche Details handelt, die revidiert worden sind. Das Werk wurde damit besser lesbar, aber es bekam keinen neuen inhaltlichen Akzent.

Das andere Werk ist „Vom Weibe bist du", ein Roman, der thematisch der Diezer Zeit entstammt. Er ist verbunden mit Philippis Erfahrungen als Gefängnisseelsorger. Etwas unglücklich wirkt das Buch, weil sich sein Verfasser wiederum nicht entscheiden konnte: Geht es um ein Werk, das die sich wandelnde gesellschaftliche Rolle der Frau zum Thema hat, was Philippi mit vier Töchtern sicherlich auch persönlich sehr beschäftigt hat, oder handelt es sich um eine Rechtfertigungsschrift für seinen Diezer Versuch, den Strafvollzug zu humanisieren? Da beides miteinander konkurriert, wirkt der Hand-

---

[230] F.Ph., Erdrecht, Verlag des Bibliographischen Instituts, Leipzig, 1922.
[231] Im Supplementband 346ff.

lungsverlauf zufällig und – was die Annäherungsgeschichte der beiden Protagonisten, Konrad und Anny, betrifft, zuweilen nervenaufreibend. Mit „Niemandsland" aus dem Jahr 1923 schafft Philippi einen Pfarrer-Roman, der das Schicksal der Heimkehrer aus dem Krieg aufgreift. Ähnlich wie nach dem Zweiten Weltkrieg Wolfgang Borcherts Drama „Draußen vor der Tür", 1947, kommt auch hier der begabte, aber vom Krieg gezeichnete Protagonist nach Hause und muss feststellen, dass viele Mitmenschen oberflächlich die Vergangenheit verdrängen, während der Schützengraben einen anderen Menschen aus ihm gemacht hat. Bei seiner ersten Nachkriegspredigt zeigt Ott Kunhart, dass es keinen Weg in die Vergangenheit mehr gibt, in der man vielleicht hätte einen lieben Gott propagieren können. Auch hier eine Parallele zu dem späteren Beckmann von Borchert, der Gott fragt, wann er denn in diesem Krieg lieb gewesen sei. Während Beckmann an der Seinsfrage verzweifelt, verlässt Kunhart den Kirchendienst und verantwortet die politische Volkswohlfahrt. Er spürt allerdings, dass sein Leben in der Nachfolge bedeutet, dass auch ihm das Kreuz aufgerichtet ist. Am Ende findet er den Tod, als bei einer Demonstration Schüsse fallen. Der Roman zeigt, dass Philippi die Rückkehr in das Pfarramt zumindest nicht in jeder Hinsicht leicht gefallen ist.

Mit einem Drama möchte Philippi 1924 an das moderne Theater Anschluss finden: „Belial"[232]. Ähnlich wie in Hugo von Hoffmannsthals „Jedermann" haben wir es mit Teufeln zu tun, die das Geschick der Menschheit steuern, hier mittels Maschinen ins Unglück. Leider scheint es nach einer viel beachteten Uraufführung im Wiesbadener Staatstheater keine Bühne mehr gefunden zu haben. Wir denken, dass das verunglückte letzte Bild dafür verantwortlich ist.

Ein Band mit Predigten von 1926 zeigt in typischen Gottesdienst-Ansagen aus den Jahren 1923/24, dass der Schützengraben bei Fritz Philippi auch der theologische Schlüssel ist, der sein Denken und Predigen in den ersten Nachkriegsjahren bestimmt (s.u.). „Niemands-

---

[232] Belial. Ein unwahrscheinlich Mensch- und Teufelsspiel. Zusammenfassung: Supplementband, 402ff.

land" war der letzte große Roman, den Philippi geschrieben hat. Später folgen noch ein Sammelband mit Erzählungen aus dem Westerwald und kleinere Veröffentlichungen.

Der handschriftliche Predigtband aus Diez aus dem Jahr 1901

4. Aus der anderen Wirklichkeit[233]
Theologie in der Zeitenwende

Zu den letzten großen Veröffentlichungen von Fritz Philippi gehört der Predigtband „Aus der anderen Wirklichkeit" aus dem Jahr 1926. Er enthält Predigten, die er in der Zeit um 1923/1924 gehalten hat. Der Pfarrer und Dichter Fritz Philippi bringt mit ihnen zweierlei zum Ausdruck: Das eine ist die Deutung der gesellschaftlichen, religiösen und politischen Krise, der sich niemand entziehen kann. Das andere

---

[233] Der Text enthält Aussagen aus dem Predigtbuch „Aus der anderen Wirklichkeit", Predigten von Fritz Philippi, Evangelischer Verlag, Heidelberg, 1926. Kurzfassungen aller Predigten im Supplementband, 420ff.

sind seine eigenen Erlebnisse an der Kriegsfront, die er in Predigten abarbeitet. Seine theologische Haltung versucht er nach dem Krieg wieder neu zu gewinnen. Seine frühen Predigten - erhalten blieb ein Band handgeschriebener Predigten aus Diez -, dokumentieren eine Mischung von Naturmystik, Liberaler Theologie und schwärmerischer Jesus-Verehrung, die sowohl zu seinem liberalen Lehrer, Adolf von Harnack, wie zur Westerwälder Volksfrömmigkeit gepasst haben wird. Philippis Denken spiegelt die Theologiegeschichte seiner Lebenszeit, in der der Historismus seine Blüte und seinen Untergang erlebt. Wie bereits beim Gründervater der liberalen Theologie, Friedrich Daniel Schleiermacher, spiegelt sich Gottes Ewigkeit im menschlichen Leben. Der Mensch empfängt mit Augen, Ohren und Empfindungen die göttliche Gegenwart. Überzeugt von einer solchen „analogia entis", sucht Philippi diese göttliche Botschaft in weltlichen Erscheinungen und findet sie sowohl in der Natur,[234] als auch im menschlichen Leben. Solche naturmythische Geheimnisdeutung des Wirklichen, ist schon für Zeitgenossen nicht jedermanns Geschmack: Dora Rade stöhnt – als bewährte Rezensentin von Philippis Büchern - in der Rezension zu „Weltflucht"[235] förmlich auf, Philippis Sprache sei zwar klarer und reiner geworden, „wenn auch gegen Ende die alte Liebe zum Hineingeheimnissen in Wort und Natur wieder mehr hervortritt."

Philippi vertritt eine weltzugewandte Theologie, die immer zugleich auch die persönliche und politisch-militärische Lage deutet. Darum muss sie den Krieg und dessen Ausgang verständlich machen. Philippi muss sich der Katastrophe des Ersten Weltkriegs annehmen. - Zuvor war alles klar gewesen: Der Krieg war von den weltweiten Feinden aufgenötigt, die das friedenswillige und gottgefällige Deutschland im Krieg vernichten wollten. Diese einseitige Deutung findet unfreiwillige Bestätigung, als nach dem Sieg der Alliierten diese zu Unrecht

---

[234] Typisch ist das Meeresrauschen (z.B. Weltflucht, 1920), Sturm (bereits in vielen Westerwaldgeschichten) oder das Geräusch seines Kindes im Mutterbauch (Aus der anderen Wirklichkeit).
[235] Dora Rade, Weltflucht, Rez., Art. CW. 1920, Sp.804, Supplementband, 303.

dem deutschen Volke die alleinige Verantwortung für den Kriegsaus-
bruch zugewiesen haben. Späteste Folge der alten Einschätzung seines
Lehrers, Adolf von Harnack.[236] - Nach dem entgangenen Sieg muss die
Sinnstiftung des Krieges umgeschrieben werden.

Philippi erhofft sich zunächst, dass sich die Menschen in Deutschland
in der Nachfolge Christi als weltweit Erste neu hinter dem christlichen
Bekenntnis versammeln würden - im Sinne einer kriegsbedingten
Erweckung. Doch diese geistig religiöse Wende, die Philippi sich von
dem Katastrophenszenario verspricht, und die dann von Deutschland
die ganze Erde erfassen könnte, ist nicht eingetreten. Er beobachtet,
dass die Menschen sich Zerstreuung und Unterhaltung suchen, dass sie
versuchen, die nationale „Schmach" möglichst bequem zu vergessen:

Im Roman „Niemandsland" besucht der Pfarrer Ott Kunhart den
„Florapalast", um einen „Internationalen Ringkampf" zu erleben, zu
dem sich die Massen einfinden. Er stellt fest, dass der Ringkampf beim
Publikum die „Tierheit in Menschengestalt" ausbrechen lässt. Das
Gelächter über gelingende Gewalt erinnert Ott Kunhart an den
Schützengraben bei Arras, als er einen feindlichen Scharfschützen
erschoss. Das folgende Gelächter der Kameraden entsetzt ihn – wie
nun das Gelächter des Publikums.

Philippi betreibt, was er als „Schützengrabenreligion" bezeichnet. Die
Eindrücke aus der Grausamkeit des Stellungskrieges, die Philippi weniger literarisch als journalistisch bearbeitet hat, bestimmen praktisch
alle Predigten, entweder durch eine Assoziation oder durch eine
ausführlichere Reflexion. Nach dem Krieg hat Philippi sein theo-
logisches Amt wieder aufgenommen, aber er muss gespürt haben, dass
seine Toleranz gegenüber denen, die ohne Lebensgefahr Patrioten
gewesen waren, geringer geworden ist. Philippi ergreift beim Bau –

---

[236] Harnack (1851-1930) war Redenschreiber des Kaisers und unterzeichnete 1914 auch das „Manifest der 93", in dem 93 Hochschullehrer
jegliche Kriegsschuld Deutschlands leugneten.

einer Notkirche kirchenpolitische Initiative, und er bekommt Kritik von ehemaligen „Etappenhengsten". Er hatte für den Bau dieser Notkirche die Verantwortung übernehmen müssen, weil die britischen Besatzungstruppen der Rheinarmee die Ringkirche für ihre Militärgottesdienste jahrelang für ihre Zwecke beanspruchten und jeden großen Abendmahlsgottesdienst der Ringkirchengemeinde brutal mit klingendem Spiel abbrachen, wenn er länger dauerte.

Der Neubau für die Ringkirchengemeinde in der Klarenthaler Straße 22, war viel zu klein geplant worden. Philippi telefonierte mit Berlin und erreichte, dass mehr Mittel bewilligt wurden. Dafür wurde er von den kirchlichen Körperschaften angegriffen. Er zog sich darauf aus den meisten Angelegenheiten zurück und zog auf eigenen Wunsch 1926 aus dem Pfarrhaus in die Wohnung seiner Tochter Hanna Kußmaul in die Alwinenstraße. Seither hat er auch keine Kirchenvorstandsprotokolle mehr unterschrieben.

Philippi blieb das Erlebnis erspart, dass nicht nur die nationalistische Vorkriegsideologie zurückkehrte und der seiner Ansicht nach im Kriege getötete „Wirklichkeitsmensch" die Macht ergriff, sondern der Völkerhass im nationalsozialistischen Terror den Untergang Deutschlands herbeiführen wird. Er stirbt am 20. Februar 1933.

Wie sein Lehrer Adolf von Harnack war Philippi ein Theologe, der sich an der Geschichte orientierte und damit an der politischen Gestalt des Volkes in Geschichte und Gegenwart. Harnack ging davon aus, dass die Ehrfurcht vor Gott die Quelle aller hohen Güter sei, die „die wahre Freiheit begründet und einen Bund der Gerechtigkeit und des Friedens schaffe."[237] Obwohl auch Harnack ein Grenzgänger war, der am Rande der nationalistischen Ideologie stand, ohne u.E. von dieser völlig bestimmt zu werden, finden sich manche seiner Schüler im völkischen Lager. Das gilt auch für Harnacks Antijudaismus, der ihn vielleicht nicht zum Antisemiten werden ließ, aber einige seiner

---

[237] Zitiert nach wikipedia, Augustinismus, Art. Abgerufen am 17.1.2017.

Anhänger in die Abgründe der nationalsozialistischen Rasselehre gezogen hat.

Auch Philippi bewegte sich auf solchem Kraterrand, der ihn in große Gefahr brachte, in den Sog des in ganz Europa verbreiteten faschistischen Denkens zu geraten. Seine Generation musste mit der Beschleunigung der Welt durch die erste industrielle Revolution eine enorme Veränderung ertragen. Ob er, der er seit 1930 das in dieser Zeit durchaus politische Dekaneamt bekleidete, am Ende seiner Tage die Anfänge des Nationalsozialismus als politische Kraft begrüßt hätte,[238] um nationale Interessen Deutschlands durchzusetzen, ist auf dem jetzigen Stand der Forschung nicht wahrscheinlich. Dagegen spricht, die bereits genannte persönliche Gegnerschaft zu dem NS-Anwalt und Landgerichtsrat August Jäger.

Die Wissenschaft hatte auf alle Lebensbereiche ausgegriffen und den Aussagewert religiöser Traditionen verringert. Die Technik hatte neue Formen menschlicher Arbeit und Pflichten hervorgebracht, die sich einer traditionellen Pflichten- und Tugendlehre entzogen und neu bewertet werden mussten. Und schließlich wandelte sich das ständische „Volk" zu einer Gesellschaft mit neuen sozialen Schichten, die das traditionelle Ständeschema sprengten. All dies schafft Sehnsucht nach traditionellen Werten, die die Veränderungen überdauern und diese als bedrohlich wahrgenommenen Wandlungen mit ihrer Umwertung aller Werte zähmen sollten. Einerseits dringt der Marxismus mit seiner internationalen Klassenlehre vor, um sich aller traditionellen Denkformen zu entledigen - und andererseits formiert sich ein vielfältiger Widerstand gegen diese Veränderungen – und zusätzlich gegen den als Gespenst umgehenden Kommunismus. In der Abwehr solch radikaler Umwälzung formieren sich dessen faschistische Gegner. Einig sind sich die beiden Entwicklungen, dass sie nicht an die christliche Tradition anknüpfen, sondern ihre politische Heilslehre auf

---

[238] Wie z.B. der etwa 20 Jahre jüngere Theologieprofessor Emanuel Hirsch (1888-1972), Göttingen, der später seine Theologie in Romane fassen wird.

areligiöse Philosopheme aufbauen. Ian Kershaw stellt gemeinsame Kennzeichen der international vielfältigen faschistischen Bewegungen der 20er, 30er Jahre in Europa fest. Alle betonten die hypernationalistische Einheit eines Volkes, dass sie die totale Hingabe an den kollektiven Willen dieses vereinten Volkes mit Leib und Seele des Menschen beanspruchten und dass es ihr Ziel sei, den „neuen Menschen" zu schaffen, „eine neue Gesellschaft, ein nationales Utopia" [239] als Gegenbild zu der klassenlosen Gesellschaft, die der Marxismus versprochen hatte. Solche Motive finden sich in vielen Predigten Philippis aus der Zeit um 1924 und in seinem literarischen Spätwerk. Mit seiner politisch theologischen Haltung steht Philippi einem solchen Denken nahe. Ob er dem schlüpfrigen Krater, der sein Denken in den Abgrund der faschistischen Orientierung reißen will, widerstanden hätte, wenn er länger gelebt hätte? Auch eine sorgfältige Prüfung des Predigtbandes ergab keine sicheren Hinweise, die mehr zuließen, als bloße Spekulation.

Ob Philippis neue Verwendung im Dekaneamt[240] für ihn etwas verändert, oder auch ein neuer Kollege, Ernst Ludwig Dietrich, der seit 1929 an der Wiesbadener Marktkirche wirkt, Einfluss auf ihn nimmt, lässt sich nicht ermitteln, weil aus dieser Zeit keine Unterlagen zu finden sind. Dietrich begann im Dekanat Wiesbaden seine Karriere, die ihn 1932 in die NSDAP eintreten lässt, bevor er am 6. Februar 1934 zum zweiten nationalsozialistischen Bischof einer Landeskirche wird. Diesen Tag wird Philippi nicht mehr erleben.[241] Dietrich war – wie Philippi – ein Liberaler, er berief sich auf die religionsgeschichtliche Schule, - allerdings hielt er die Theologie des Adolf von Harnack für überholt. Er vertritt eine Generation, die angetreten ist, die Generation Philippis abzulösen. -
Ob die untersuchten Predigten als Literaturpredigten stark verändert

---

[239] Ian Kershaw, Höllensturz, Europa 1914 bis 1919, München 2016, 321f.
[240] Das Dekanat Wiesbaden teilt auf Anfrage im Februar 2017 mit, dass es keinerlei Akten besäße, die älter als 30 Jahre seien.
[241] Hermann Otto Geißler, Ernst Ludwig Dietrich, Darmstadt 2012, 559f.

wurden, lässt sich nicht mehr exakt feststellen. Ein Indiz ist indessen eine – im Band nicht abgedruckt - mitgeschriebene Predigt, die handschriftlich vorliegt und zeigt, dass seine mündlich vorgetragenen Predigten nicht wesentlich anders geklungen haben werden. Auch die zum Vergleich herangezogenen Predigtmanuskripte aus dem Jahr 1900 belegen eine sprachliche Kontinuität – wenngleich diese Arbeiten von durchaus unterschiedlicher Qualität sind.

Das Ziel von Philippis Theologie ist die Überwindung des bürgerlichen Individualismus durch eine unbesorgte, kollektive Jüngerschaft Jesu, die sich im Handeln des Volkes ausdrückt. Hier ist er ohne Zweifel in der Kontinuität der Ritschl-Schule. Sie sollte nicht zu einer eingehenden Wirklichkeitserkenntnis führen, sondern zur Gestaltung des Lebensraumes. Beispiel für eine solch unbesorgte Lebensweise ist für ihn seine Zeit an der Front: Keiner der Kameraden habe gewusst, ob er den nächsten Tag überleben würde. Die Not der Nachkriegszeit mit ihrem Hunger bezeichnet er geradezu als eine Gotteszeit, weil der Mensch lerne, das „Unser täglich Brot gib uns heute" leidenschaftlich zu beten. Absicht der Kirche müsse sein, den Menschenmassen Führung zu geben, damit diese zur „Menschwerdung" geleitet würden. In diesem Bild begegnet uns wieder die schon mehrfach festgestellte Nähe zu Gustave Le Bons „Psychologie der Massen". Der spanische Philosoph José Ortega y Gasset deutet die spanische Gegenwart um 1930, in der sich die rechtsgerichtete Falange entwickelt, als Leben „unter der brutalen Herrschaft der Massen"[242]: Diese sei ein Geschöpf des 19. Jahrhunderts durch Wissenschaft und Technik entstanden. Er charakterisiert die Masse ähnlich wie Le Bon negativ:

Bei Hungerrevolten pflegen die Volksmassen Brot zu suchen, und zu dem Zweck zerstören sie die Bäckereien. Das kann als Gleichnis für die Art und Weise dienen, wie sich in größeren und

---

[242] José Ortega y Gasset, Der Aufstand der Massen, dva Stuttgart, 1957, (span. 1929) 79. Von 1905 bis 1911 war er längere Zeit in Marburg.

verwickelteren Verhältnissen die heutigen Massen gegenüber der Zivilisation aufführen, die sie ernährt.[243]

Philippi betont immer wieder, dass es die Aufgabe der Kirche sei, diese Massen zu christlichen Menschen zu machen, indem sich die Kirche als führende Elite begriffe, die den Menschen zu syndikalistischer Arbeit und jüngerhaftem Leben anhalte. –

Das klingt 2017, in einer Zeit bedrohlich, in der ein Donald Trump, eine Theresa May oder ein Recip Erdogan Hass und Abgrenzung predigen, um eine neue völkische Phalanx aufzubauen, die den menschenfressenden Göttern der Nationen huldigt, egal ob sie als säkulare Parallelstruktur von Jesus Christus oder Allah vorgestellt wird oder allein wirtschaftspolitischer Erwägung folgt.

a. Liberale Theologie

Not, Elend und Potential der liberalen Theologie bringt der von Philippi rezensierte „extreme" Liberale, Arthur Bonus, in der Vorrede zu seinem Essayband „Zur Germanisierung des Christentums"[244] zur Sprache. Nach heutigen politischen Kategorien würden wir Bonus am rechten Rand verorten. Da dort aber in der damaligen Kirche die „Positiven", die Traditionalisten und Biblizisten, verortet sind, wurde Bonus dem linken Rand zugeordnet. Seine intelligent vorgetragene Nationalisierung des Christentums hat die Position der späteren nationalsozialistischen Deutschen Christen vorbereitet.

> Jeder, der das religiöse Leben und den es aussprechenden Mythos natürlicher haben will, wird sie bewusst oder unbewusst eben germanisch statt römisch, griechisch oder orientalisch haben. Weshalb sollte man diesen Gesichtspunkt nicht einmal etwas kräftiger betonen? Dass aber andererseits die Religion

---

[243] Ortega, Aufstand, 120.
[244] Arthur Bonus, Zur Germanisierung des Christentums, Diederichs, Jena, 1911. Philippis Rezension, Supplementband, 62ff.

und ihre Aussprache, wie sie zurzeit sind, ob mit Recht oder Unrecht, Christentum jedenfalls genannt werden, lässt sich nicht weiter bestreiten. Ob im Übrigen das, was bei dem Umschöpfungsprozess herauskommt, noch Christentum zu nennen sein wird, lasse ich ausdrücklich unerörtert,- und zwar, weil es völlig gleichgültig ist. Wahrhafte Religion ist letzterdings nie etwas Historisches, daß es nötig wäre mit einem historischen Namen zu benennen oder auch eines bestimmten historischen Namens zu entkleiden.[245]

Unter einer liberalen Theologie versteht Bonus hier durchaus auch die Freiheit *vom* Christentum. „Religion" wird zur allgemeinen Hüllvokabel, in die man beliebig alles stecken kann. Was Religion sei, wird seit dieser Zeit diskutiert: Joachim Wach, der deutsch-amerikanische Systematiker religionswissenschaftlichen Denkens, folgt bei seinem Religionsbegriff dem Marburger, Rudolf Otto, den er als den brauchbarsten bezeichnet:[246] „Religion ist das Erlebnis des Heiligen."[247] Dieser objektive Charakter des religiösen Erlebnisses gebe der Religion den vollen „Reichtum der Bedeutung" zurück, der durch den Subjektivismus der protestantischen Theologen des 19. Jahrhunderts so traurig verdünnt worden wäre.

Die Religionssoziologie Max Webers war im Hinblick auf eine klare Definition des Religionsbegriffs vorsichtig: „Eine Definition, was Religion ‚ist', kann unmöglich an der Spitze, sondern könnte allenfalls am Schlusse einer Erörterung wie der nachfolgenden stehen." Am Ende der Religionssoziologie Webers war noch eine Fortführung ge-

---

[245] Arthur Bonus, Zur Germanisierung des Christentums, Diederichs, Jena, 1911, 2.
[246] Rudolf Otto (1869-1937), Altersgenosse Philippis, Theologe und Religionwissenschaftler, lange Professor in Marburg.
[247] Joachim Wach, Religionssoziologie, J:C:B:Mohr (Paul Siebeck), Tübingen, 1951, 15.

plant. Da Weber zu früh starb, konnte er die versprochene Definition nicht geben. Dennoch legt er fest, dass religiös oder magisch motiviertes Handeln in seinem „urwüchsigen Bestande diesseitig ausgerichtet" sei. [248]

Richtungen der liberalen Theologie knüpfen mit ihrem Subjektivismus an die spiritualistischen Traditionen des Christentums an. Während Luther Geist und Gewissen an die Schrift zu binden suchte, gab es bereits im frühen Protestantismus Reformatoren der ersten Stunde wie Thomas Müntzer oder Andreas Bodenstein von Karlstadt, die dem eigenen Geist und der inneren Erleuchtung mehr als der Tradition vertrauten. Während spiritualistische Vorstellungen im Rahmen der Mystik oft eher friedliche Lehren hervorbrachten, wurden sie – vorwiegend unter dem Eindruck einer Endzeit aggressiv und gewalttätig (Chiliasmus). Philippi vertritt mit seiner Naturmystik eine solche „subjektivistische" Lehre, die unter dem Eindruck der Nationalidee und des Krieges einen destruktiven Zug annahm.

Die Historisierung der Theologie im 19. Jahrhundert zeigte, dass die historischen Grundlagen der Bibel nicht weit trugen, weil diese kein Geschichts- sondern ein Bekenntnisbuch ist. Darum musste sich die Theologie einen neuen Grund suchen: Sie erlangte neue Gewissheit durch Teilhabe. Die Erfahrung des Einzelnen wird ihr zum Beleg, dass die religiöse Botschaft für ihn Bedeutung hat.

Die völkische Theologie, der Philippi nahesteht, weist ein großes Spektrum auf. Am einen Ende steht Arthus Bonus. Dieser sucht mit der Ablehnung alles Fremden nach dem deutschen Mythos:

---

[248] Max Weber, Religionssoziologie (Typen religiöser Vergemeinschaftung) in: Wirtschaft und Gesellschaft. Grundriss der verstehenden Soziologie. 5. Aufl., hrg. von Johannes Winckelmann, 1. Hlbbd., J.C.B. Mohr (Paul Siebeck), Tübingen, 1976, 245.

Die Religion ist das Gebiet des innersten Selbst des Menschen. Da am wenigsten darf er ein Fremder sein. Besser: da darf er nicht noch künstlich fremd sein, denn da ist er von Natur allzu fremd.[249]

Bonus zeigt in dieser religionstheoretischen Polemik durchaus geistvoll auf, wie Religionen aus den Ängsten und Nöten einer Kultur heraus entstehen. Sein Religionsbegriff hat weitaus mehr Ähnlichkeit mit der amerikanischen „civil religion" als mit dem christlichen Glauben, den er wie ein historisch erledigtes Phänomen behandelt. Für ihn ist Theologie die Wissenschaft der lebenden Religionen.[250] Vielleicht meint er auch Philippi damit, wenn er von den „neuen Religionsstiftern aus dem Lager der neuromantischen Naturphilosophie" schreibt.[251] Der Darwinismus ist ihm der Schlüssel, warum die Völker der Religion bedürfen: Sie sei die Wirkkraft des Volkes, um sich gegen andere Völker durchzusetzen und Ressourcen anzueignen. Ohne die Bibel zu nennen, hält er eine Würdigung solcher Texte für ein Verbrechen, wenn damit die Schrift in ein „ewig gültiges Kernelement" der Religion „umgelogen" würde.[252] Um seinem antijüdischen Denken Ausdruck zu geben, bezeichnet er diese Art der Traditionspflege als „Talmudismus".

Wenn die von Gott - oder der Natur - gewollte Ordnung jedem Volk seinen eigenen Überlebensegoismus zuweist, macht dies eine Universalreligion – oder eine positiv gefasste „Menschheit" - unmöglich und wertet auch jeglichen normativen Impuls einer schriftlichen Überlieferung ab. Wenn die Natur mit ihren Erscheinungen und die Völker mit ihren Eigenschaften eine eigengesetzliche Wirklichkeit zum Ausdruck bringen, wird eine biblische Botschaft obsolet oder zumindest weniger wichtig. Der Normalfall ist der Konflikt, nicht der Friede. Es zeichnet sich der Abstieg zur Stammesreligion ab.

---

[249] A. Bonus, Germanisierung, aaO., 102.
[250] Bonus, Germanisierung, aaO., 120.
[251] Bonus, Germanisierung, aaO., 122.
[252] Bonus, Germanisierung, aaO., 131.

Die liberale Theologie lebt von ihrer Offenheit gegenüber den Ergebnissen der seit dem 19. Jahrhundert gewaltig gewachsenen Wissenschaft. Dieses sich wandelnde Weltbild der Wissenschaft vertreibt mehr und mehr die christliche Lehrbildung aus der Rolle, spekulativen Ersatz für exakte Kenntnis zu liefern. Dazu noch einmal Arthur Bonus, den wir hier als typische Zeiterscheinung betrachten:[253]

> Wir haben von der Naturwissenschaft gelernt, sagt sie, die Dinge ohne Hineinmischung übernatürlicher Faktoren zu erklären: Unser Volkscharakter ist, wie er unter politischen und sozialen Verhältnissen wurde, und wird werden, wie die politischen und sozialen Verhältnisse ihn weiter werden lassen. Zunächst mag das richtig sein. Wenn jemand in einem wissenschaftlichen Werke auf das Walten Gottes verweist, um etwas zu erklären, was er ohne das nicht versteht, so ist das nicht nur unwissenschaftlich, sondern ein grober Mißbrauch des Namens Gottes, der nicht dazu da ist, um unsere menschliche Kurzsichtigkeit mit ihm zu decken. Andrerseits liegt in solchem Verfahren eine Verkennung des Wesens der Wissenschaft. Die Wissenschaft ist ja doch nichts anders, als eine Ordnung der Dinge dieser Welt unter sich. Vermag man an irgendeiner Stelle diese Ordnung nicht durchzuführen und schiebt Gott ein, so gebraucht man Gott zum Lückenbüßer.

Als Fritz Philippi seine Rezension schreibt, lobt er die religiös schöpferische Seite bei Arthur Bonus. Demgegenüber kritisiert er die inhaltliche Arroganz des Autors, die nur aus der Perspektive eines Privatgelehrten hätte entstehen können. Philippi schreibt:

> Dieses Gottschaffen ist doch nicht bloß bei Bonus ein Nichtbeachten des zuhörenden Ohres, eine Ungewöhnlichkeit des Ausdrucks. Erst setzte ich: Gotterleben mit äußerster innerer

---

[253] Bonus, Germanisierung, aaO., 8. Dasselbe sei später auch Anliegen je von Emanuel Hirsch und Dietrich Bonhoeffer gewesen, meint Ericksen, Theologen, aaO., 251.

Seelenanspannung. Das reichte nicht aus. Die Selbständigkeit des religiösen Eigentriebes wird durch Schaffen aufs Stärkste betont bis zur Loslösung vom Schöpfer. Es mag sein, daß auch ich Bonus nicht verstanden habe, jedenfalls ist für mich sein Be-streben nach Selbständigkeit der Religion übergeschlagen in eine Isolierung des religiösen Innenlebens, in religiös radikalen Subjektivismus.[254] Die Wirksamkeit des Schöpfers bei dem religiösen Schaffen wird mindestens so undeutlich, daß der Eindruck bleibt: für Bonus ist unter dem Einfluß des Darwinismus die Entwicklung die göttliche Wirklichkeit selber geworden.[255] Das religiöse Erlebnis ist mit allem Nachdruck von unten herauf betont, so sehr, daß Bonus gleichsam sein religiöses Seelenlied als Solo singt, nicht als Duett.[256]

Philippi arbeitet hier sehr deutlich heraus, dass ein rücksichtsloser Fortschrittsglaube bei Arthur Bonus die Theologie bestimmt. Solche völkischen Ideologien verdanken sich – trotz des Hinweises auf Darwin - nicht wissenschaftlichem Kalkül, sondern einem spekulationsfreudigen Idealismus. Sie hatten ihre Wurzeln zunächst im romantischen Schwarmgeist, der sich im frühen 19. Jahrhundert einer ästhetischen und literarischen Verehrung der nationalen Vergangenheit verdankte. Damit waren sie eine Gegenbewegung gegen den rationalen und pragmatischen Erfolg von Napoleon Bonaparte und seinem aufgeklärten Imperialismus. Sie waren verbunden mit der Demokratiebewegung und ihrem Versuch, sich von dem machtpoli-

---

[254] Ich notiere Aufatmen bei der Erstlektüre.

[255] Das wäre eine höchst passende Definition für die nationalsozialistische Ideologie

[256] F.Ph., Arthur (!) Bonus. Zur Germanisierung des Christentums CW, Sp. 840, Supplement, 70ff. - Uns erscheint dessen Seelenlied dennoch als Duett, in dem die untere Stimmen von Houston Stewart Chamberlain gesungen wird, wenn sich in ein Trio nicht noch der Ton von Paul de Lagarde mischt.

tischen Geist der Metternich-Epoche zu befreien.[257] Mit den Jahren entwickelten sie sich mehr und mehr zu einer Kulisse, in der knallharte Realpolitik aufgeführt wurde, die über Leichen ging.

Idealismus und Romantik verwischten zuweilen die Grenze zwischen spekulativer Dichtung und Wissenschaft und so trat aus dem ästhetischen Schwarmgeist der unerbittliche Ernst politischen Machtstrebens hervor. Literarisch schwand in der Neuromantik zudem die Ironie, die die echte Romantik begleitet hatte. Die spätere Verbindung mit Darwinismus und der Rassenlehre[258] beendete vollends die literarische Menschenfreundlichkeit und Ironie, mit dem noch 1820 E.T.A. Hoffmann seinen Kater Murr mit der Eitelkeit des Jünglings in seiner „Katzburschgesellschaft" die Vorzüge seiner eigenen Art preisen ließ,[259] oder Joseph von Eichendorff die Sehnsucht nach der Jugend oder nach dem Schloss seiner adligen Ahnen besang.[260]

Ein anderes Beispiel für völkische Theologie bietet der genannte Theologe Emanuel Hirsch. Der zunächst dem Idealismus und dann dem Nationalsozialismus verpflichtete Emanuel Hirsch[261], der seine Theologie in den Dienst des NS-Regimes stellen wird, unterstellt seine Theologie der Forderung nach Deutschlands Größe. „Für Hirsch war

---

[257] Vgl. z.B. E.T.A. Hoffmann, Nussknacker und Mausekönig, Werke, Bd. 2, Insel-Verlag, Frankfurt, 1967, 296ff.

[258] Die Rassenlehre von der Ungleichheit der Menschenrassen von Arthur de Gobineau (1816-1882) muss als spekulative Ideologie entlarvt werden, auch wenn sie als Wissenschaft vorgetragen wird.

[259] E. Th. A. Hoffmann, Lebensansichten des Katers Murr, Werke, Bd. 3, 127ff.

[260] Joseph von Eichendorff, Sämtliche Gedichte, dtv, München,1975, z.B. „Vorbei", 154, oder „Der Einsiedler", 265.

[261] Emanuel Hirsch (1888-1972), theologischer Lehrer, zuletzt in Göttingen, der die NSDAP und die Deutschen Christen unterstützte. Später schrieb auch er Romane.

das Schicksal seines Vaterlandes ein Problem seines Glaubens."[262] Dies beantwortete für ihn die Frage nach der Verbindung von Religion und Politik. Er schildert hier die Aufgabe, die das 19. Jahrhundert seinen Zeitgenossen gestellt habe:[263] Damit meint er zugleich, dass für ihn – ähnlich wie für Bonus – traditionelle christliche Glaubensvorstellungen entweder naiv oder sinnleer seien:

Wir starren hier in das Rätselantlitz des neunzehnten Jahrhunderts. Es ist ein gigantisches Zeitalter, welches mit seiner Verbindung von Wissenschaft, Technik und Gesellschaftserneuerung die Grundlegung einer neuen Epoche der Menschheitsgeschichte vollbracht hat. Aber es hat auch Dämonen beschworen, deren wir noch nicht Herr geworden sind. Seine stärkste Dämonie nun ist sicherlich die, daß es das Bewusstsein von der bildlosen Nacht, in welche uns der Ewigkeitsglaube versinkt, zum Gemeingut der weißen Menschheit hat werden lassen. Damit sind die törichten verendlichenden Jenseitsträume der Vorzeit nun freilich gegenstandslos geworden. Es bedarf heute eines krampfhaften Festhaltens an der Vorstellung von der doppelten Wahrheit, einer Bereitschaft, die eigene Seele in zwei einander nicht kennende Hälften zu zerspalten, wenn man die alten Bilder noch als Erkenntnis von tatsächlich Bestehendem nehmen will. Wer aber vom gewöhnlichen Menschenschlag ist nicht in Gefahr, sobald er die Nacht den Ewigkeitsglauben umhüllen sieht, zu einem rein diesseitig fühlenden Geschöpf zu werden, das aus seinem ewigen Lebensgrunde losgerissen ist und nun verwirrt dahinstiebt in den Winden des Erdenlebens?

Der Abschnitt beweist, wie schlichter christlicher Glaube in dieser Zeit belächelt und bekämpft wird zugunsten eines heute wiederum naiv anmutenden Glaubens an die moderne Naturwissenschaft. Fritz Philippi ist ein Kind dieser Epoche. Darum wundert es nicht, wenn er

---

[262] Wolfgang Trillhaas, Emanuel Hirsch in Göttingen. In: Hans Martin Müller (Hrg.), Christliche Wahrheit und neuzeitliches Denken, Katzmann, Tübingen / Thuhoff, Goslar, 1984.
[263] Emanuel Hirsch, Das Wesen des reformatorischen Christentums, de Gruyter, Berlin, 1963, 175f.

die Seele als die zu Gott gehörige Seite im Menschen verteidigt gegen ein nüchternes Nichts, das durch das naturwissenschaftliche Denken am Horizont aufdämmert. Wie Hirsch erwartet auch er, dass Gott sich innerhalb des Raum-Zeit-Kontinuums in der Zeit und in der Natur offenbart. Gottes Ewigkeit und Gedanken, die über diesen zeitlichen Horizont hinausreichen, verblassen hier. Ein Pantheismus, der auf Schleiermacher beruht, den Paul Tillich definiert als „die Macht des Göttlichen", die in allem Seienden gegenwärtig ist und dass Gott der Grund und die Einheit alles Seienden ist.[264]

Auch bei dem Vordenker der liberalen Theologie, Albrecht Ritschl zielte die Theologie auf die Gestaltung der diesseitigen Welt. - Wie hieß es bei dem Großmeister der romantischen Ironie, Heinrich Heine? „Den Himmel überlassen wir den Engeln und den Spatzen."[265] - In seinem „Unterricht in der christlichen Religion" spricht Ritschl einerseits vom Reich Gottes als einer geistigen und sittlichen Aufgabe der in der christlichen Gemeinde versammelten Menschheit als etwas rein Innerweltlichem. Als „überweltlich" bezeichnet Ritschl das Reich Gottes, „sofern man unter Welt den Zusammenhang alles natürlichen, natürlich bedingten und geteilten Daseins versteht" und zugleich bestehe das Reich Gottes als höchstes Gut übernatürlich und überweltlich fort.[266] Die Theologie Philippis folgt Ritschl in der Betonung des Diesseitigen. Damit stellt eine solche Theologie auch immer politischen Folgerungen aus dem Glauben. Das können wir heute - je nach Standpunkt - entweder als „gesellschaftliche Verantwortung" von Glaube, Theologie und Kirche gut heißen oder unter Fundamentalismusverdacht stellen.

---

[264] Paul Tillich, Vorlesungen über die Geschichte des christlichen Denkens,II. Ev. Verlagswerk, Stuttgart, 1972,77.
[265] Heinrich Heine, Deutschland, ein Wintermährchen (1844), Sämmtliche Werke IV, Verlag von John Weik, Philadelphia, 1857,
[266] Albrecht Ritschl, Unterricht in der christlichen Religion, A. Marcus und E. Weber's Verlag, Bonn, 1903 (1881).

Gott ist für Philippi der immanente Garant irdischer Prozesse wie Gezeiten, Fortpflanzung oder der Himmelsbewegungen. Dieser Gott lässt sich in den Naturphänomenen erkennen. Er zwingt bei allen Fragen, die über das Raum-Zeit-Kontinuum – den politischen Raum und die Natur – hinausgehen, zum Schweigen. Ihre transzendente Dimension hat diese Vorstellung in den politischen Raum, in die National- und Menschheitsgeschichte projiziert. Gott ist weitgehend eine Dimension des Diesseits. In frühen Friedenszeiten korrespondierte dieses Gottesbild dem neuromantischen Anliegen Philippis: Er teilte seinen Gott mit den bildungsfernen Bauern von Breitscheid, die von Gott Lohn oder Strafe erwarten – je nach dem eigenen Tun. Im Ersten Weltkrieg bekommt dieses Gottesbild Risse. Philippi sieht, wie Kameraden von der Maschinerie des Tötens unterschiedslos zerfetzt werden, ohne dass der Einzelne mit seinem Tun etwas dagegen oder dafür hätte tun können. Gott ist seinen Geschöpfen nicht mehr wahrnehmbar, er schweigt an der Front. Gott mag noch immer als Schöpfer der Erhalter der Welt sein, aber als begeisterter Verfechter des Ersten Weltkrieges bedarf Philippi ganz dringend eines Gottes, der über diesen „törichten verendlichenden Jenseitstraum" hinausgeht. Sein Gott soll Gerechtigkeit gewährleisten, auch wenn gutes Tun im Sinne von Kant keinen gerechten Lohn findet. Dessen Pointe zerplatzt, wenn der Wirklichkeit keine Jenseitsvorstellung gegenübersteht. Die Gerechtigkeit, die nach dem Tod die Ungerechtigkeit der Welt aufheben und kompensieren soll, verlischt. Dem Soldaten, der treu und brav seinen Dienst tut, kann im Granatenhagel wenig Hoffnung auf Gott gegeben werden, dass er ihn am Ende in Ehren annimmt. - Es entfällt jeder Grund, dem Imperativ zum Guten zu folgen. Philippi sucht darum einen alternativen Lohn für den treuen Dienst der Zigtausende, die im Krieg ihr Leben riskieren.

Solange der Krieg währt ist für Philippi die völkische Dimension der Theologie stichhaltig: Der Soldat handelt nicht als Einzelner und unter dem Eindruck seiner persönlichen Schuld oder Unschuld, sondern als braver Diener seines Volkes, das unschuldig zum Weltenbrand gezwungen wurde. Und damit ist der unschuldig Gefallene ein würdiger Diener seines Volkes im Sinne des Heroismus. - Die historische Wirklichkeit widerlegt den siegreichen Heroismus, als Deutschland den Krieg 1918 verliert.

Philippi möchte, dass ein personaler oder institutioneller „Führer" den Massenmenschen aus der Masse befreit, damit dieser „Mensch" wird. Führer erziehen zum zielgerichteten Leben auf Gott hin, damit der Mensch sein Leben dem Werthorizont Gottes unterwirft. Dann wird er zugleich die Welt – und ihre materiellen Werte - verachten. Philippi freut sich an seinem mystisch im Naturwalten verborgenen Gott, den er an jedem Grashalm und an jedem neuen Morgen spüren kann. Aber sein Gott wird der gewaltigen Aufgabe nicht gerecht, dem Menschen den Grund für sein Gutsein – oder auch nur fürs pflichtgemäße Kämpfen im Krieg - zu liefern. Der Gott der Nachkriegszeit, der von Philippi als „hüben" verordnet wird, bleibt eine Perspektive schuldig für die Ungerechtigkeit der Welt.

Aus der feindlichen „positiven" Ecke, von Johannes Haußleitner,[267] wird dieses liberale Gottesbild polemisch angegriffen, wie es sich bei den nach Harnack orientierten Theologen und deren Nachfolgern in der aufkommenden „religionsgeschichtlichen Schule", die Hermann Gunkel begründet, findet:

> Es gibt heute viele, denen die Existenz des lebendigen, des persönlich lebendigen Gottes zum Problem geworden ist. Man studiert die Geschichte der Religionen und will herausfinden, dass die Herausarbeitung des Gottesbegriffes Sache des religiös veranlagten Menschengeistes gewesen ist, der in langen Zeiträumen von rohen Vorstellungen aus zu dem erhabenen Begriff eines geistigen, überweltlichen Gottes gelangt sei. Aber ein solcher Gott existiere in Wirklichkeit gar nicht; er lebe nur im

---

[267] Johannes Haußleitner (1851-1928), Das Wort Gottes und die Bibelkritik, Verlag von Martin Warneck, Berlin, 1912 (Hefte des Allgemeinen Positiven Verbandes, Heft 5),3. Haußleitner gehörte zu den Gutachtern des Jatho-Prozesses (vgl.o.) und wird daher den Liberalen ein tüchtiges Feindbild geboten haben.

Denken der Menschen. Unter dieser Voraussetzung, wenn man annimmt, dass Gott nur ein Gedankenprodukt der Menschen ist, kann man natürlich nicht im Ernst von einem Wort Gottes reden.

In der Tat gehört auch Philippi zu den Gegnern einer zu großen Nähe zur Bibel,[268] vielleicht verstärkt durch die Begegnung mit der Westerwälder Gemeinschaftsbewegung, wo die Heilige Schrift zum Götzen gemacht wurde, dem zu huldigen sei. In einer Predigt heißt es: „Wenn die Herzensträgheit sich einlullt durch Bibelsprüche, dann soll man sie hart schelten!"[269] Im Roman „Niemandsland" steigt Ott Kunhart auf die Kanzel und schließt vor seiner „Schützengraben-Predigt" als erstes demonstrativ die Bibel:

> Während das Geräusch der sich niederlassenden Menge samt dem letzten Räuspern sich im Winkel verlor, hatte der Verkündiger mit einer eigenen Handbewegung - das schwere Bibelbuch geschlossen und zur Seite gelegt.[270]

Die Naturmystik Philippis ist wie jede spiritualistische Erfahrung sehr persönlich, nicht ohne Weiteres übertragbar und ihre Botschaft gilt nur für ihren Empfänger. Was der „Woost" auf dem Westerwald stürmend mitteilt, ist ebensowenig eindeutig bestimmbar wie die Botschaft der Bäume, wenn sie im Wald rauschen. - Es wundert nicht, dass die jungen Wilden der Theologie nach dem ersten Weltkrieg, Friedrich Gogarten, Karl Barth und andere solche Offenheit verdammen werden und sich nach neuer Verbindlichkeit, einer modernen Orthodoxie sehnten. Bei dem Erlanger Theologen Paul Althaus und Freund Hirschs, wird sich indessen eine ähnliche „Uroffenbarung" durch die Natur wie bei Philippi finden: „Gott setzt Naturvorgänge. Er benutzt Naturkatastrophen, er trifft unsere Leibhaftigkeit."[271]

---

[268] Vgl. F.Ph., Niemandsland, aaO., 38.

[269] F.Ph., Aus der anderern Wirklichkeit, aaO., 82.

[270] F.Ph., Niemandland, aaO., 38.

[271] Paul Althaus, Die christliche Wahrheit, Gütersloher Verlagshaus, 1959, 24.

b. Gottesbild:

Wie viele professionelle Verkündiger und auch manche seiner Zeitgenossen, z.B. der eine Generation jüngere liberale NS-Theologe Ernst Ludwig Dietrich lehnt Philippi einen „lieben Gott" ab.[272] Demgegenüber zeigt sich sein Gottesbild in einem dunklen Verhältnis zum Menschen: Gott kann bei ihm das Subjekt des Kriegsgeschehens sein, um mit dem Krieg den Materialismus der Vorkriegsjahre ins Elend zu treiben, und die Menschen zu läutern. Die Liebe Gottes ist eine unbekannte Liebe, weil sie mehr umfasse als das, was wir Menschen Liebe nennen. Nach biblischem Zeugnis muss der Mensch zuerst von Gott geliebt werden. Er wird darauf Gott lieben, wenn er erfährt, dass Gottes Liebe dazu führt, dass er seinen Sohn in die Welt gesandt hat. In einer Predigt über Gottes Liebe hat Philippi die menschliche Lieblosigkeit benannt. Weiter heißt es dort:

> Wenn ihr mich fragt, ob ich solch unbedingter Liebe schon begegnet bin, so glaube ich auf den Höhepunkten meiner Kriegserlebnisse Menschen in die Augen geschaut zu haben, die aus Liebe in den Tod gingen wie zu einem Fest. Sie liebten und wußten sich geliebt von ihrem irdischen Vaterland. Wir nennen solche Liebe – Heldenhaftigkeit.[273]

In einem Beitrag für „Die christliche Welt", 1921, hatte Philippi den Soldaten an der Front weit realistischer geschildert:

> In ihm blieb nichts als die triebmäßige Kreatur und die nackte Seele. Das Tier im Menschen knurrte um ein letztes warmes, trocknes Plätzchen, um Essen und Schlaf.

Der Wirklichkeit Gottes entspricht in der Wirklichkeit des Menschen seine „Seele". Diese wird als immaterieller Anteil der menschlichen Existenz gedacht. Im Hinblick auf die Wirkungsmacht der Seele gibt

---

[272] Geißler, Dietrich, aaO., 496.
[273] F. Ph., Aus der anderen Wirklichkeit, aaO. 37.

sich Philippi revolutionär:[274] Er zitiert zustimmend Johannes Müller, den Erbauer des jugendbewegten Schlosses Elmau – und späteren Anhängers der Nationalsozialisten, wenn er die „Revolution der Seele" fordert.[275] Die Vorherrschaft der göttlichen Seele würde alle korrupten Eigenschaften des Menschen überwinden. Menschen, die der Seele dienen und nicht dem Erdenleib, nennt Philippi „Jünger", wobei „Jünger Gottes" nicht Anhänger der christlichen Religion sein müssen.

Das Gottesbild Philippis ist nicht untypisch für die erste Jahrhunderthälfte des 20. Jahrhunderts. Philippis Gott ruft einerseits zum erfüllten Leben, meint damit aber zugleich die Abkehr vom irdischen Leben. Das prägt bereits seine Predigten um 1900. Sie weisen eine Diesseitsorientierung oder gar den Lebensgenuß[276] ab und forderten die Bereitschaft zum Sterben. - Auch literarisch hat Philippi eine Vorliebe für tragische Schlüsse, die an den Schlachtruf der spanischen Falange aus den dreißiger Jahren denken lassen, „Viva la muerte".[277] Nach der Lektüre vieler Predigten von Fritz Philippi verstehen wir die Frage von Bert Brecht besser: „Gibt es ein Leben vor dem Tod?" Philippis Verkündigung lehrt einen Gott zu „leben", der sich im Leben mächtig zeigt. Das tut er überzeugend. – Dazu kommt eine Todessehnsucht zum Ausdruck, die die irdische Welt verneint. Seine Predigten und Bücher betonen oft den Tod. Der fast unabhängg von Gott agiert. - Bereits in Weiße Erde / Erdrecht hat der Protagonist das Verlangen, für seine Botschaft zu sterben:

[274] Das „Revolutionionäre" sei ein Kennzeichen faschistischen Denkens, meint Kershaw, Höllensturz aaO., 322.
[275] F.Ph., Die geistige Krisis, aaO. 343, Supplementband, 317ff.
[276] An zahllosen Stellen dämonisiert Philippi geradezu den „Genußmenschen".
[277] Dem Umschlag des elitären Denkens des spanischen Faschismus –auch in religiöser Hinsicht - in totale Barbarei hat Jaume Cabré ein eindrückliches literarisches Denkmal gesetzt: Die Stimmen des Flusses, Suhrkamp, Frankfurt, 2008.

Wer den Leuten einen Menschen zeigen will aus der rechten Heilandsart, kann's nicht mit lachendem Munde tun, sondern mit der Liebe, die Blutopfer bringen kann und aushält bei den Leuten bis zum letzten Seufzer: Es ist vollbracht![278]

Dann stirbt statt des Pfarrers sein Kind: „Sein Kind ist für alle gestorben."[279] - In „Niemandsland" gibt es keine Notwendigkeit, dass der Plot in den Tod des Christus-Nachfolgers einmünden muss, aber die gesamte Komposition zielt auf dieses tragische Ende hin. Philippis Gott ist ein eifersüchtiger Gott, der die Liebe nicht mit der Zuneigung zum Erdenleben oder irdischen Phänomenen teilen will.

c. Auferstehung:

Das Auferstehungsmotiv gehört zu den trennenden Fragen zwischen Philippis Liberalen und der feindlichen Partei der Positiven. Philippi kann an eine leibliche Auferstehung nicht glauben. Das hat erhebliche Auswirkungen auf sein eigenes Leben. Dies wird bedrückend deutlich in seiner letzten Erzählung, „Der Hexenmüller"[280], in der der todkranke Fritz Philippi sein eigenes Sterben spiegelt. Die Geschichte endet unter der Herrschaft eines dämonischen Todes in völliger, destruktiv-depressiver Selbstzerstörung, die wenig Raum zur Hoffnung bietet. Auferstehung bleibt für Philippi eine innerweltliche Symbolik. In Deutschland werde die „moralische Auferstehung" beschworen, für die es einer österlichen Kraft bedürfe. Statt Hader und Zwietracht, Eigen- und Genussucht müsse die Arbeit zum Volksdienst werden: „Dann hämmern alle Hämmer einen Takt. Jedweder Schornstein raucht vom gleichen Feuer."[281] (77) Das deutsche Volk habe den Auftrag, zum österlichen Beispiel für die Welt zu werden. (79) Solche Umdeutung der Osterbotschaft ins Politische klingt im 21. Jahrhun-

---

[278] F.Ph., Erdrecht, Leipzig, 1922, 256.
[279] Erdrecht, aaO. 257.
[280] F.Ph., Der Hexenmüller, abgedruckt 1934 in Alt-Nassau, 49.
[281] Hellgraue Ziffern beziehen sich auf „Aus der anderen Wirklichkeit, aaO. - In der Vision ist Philippi nahe an syndikalistischen, bolschewistischen oder nationalsozialistischen Wirtschaftskonzepten.

dert fundamentalistisch, diese Vorstellung, dass Auferstehung auf nationale Erneuerung ziele. Philippi schreibt, dass Deutschland zuletzt im August 1914 österlichen Geist gespürt habe:

Es starb der Einzelne, er ging unter und auferstand im Volk![282]

Eine solche Identifikation von religiösem Motiv und politischem Gestaltungswillen fällt auch im Roman „Niemandsland" auf, wenn die Anhänger von Ott Kunhart in der Stadt Macht gewinnen. Dann wird alles nach ihrem Wertekanon durchregiert. In dieser Weise hat fast gleichzeitig das Sowjetsystem die russische Gesellschaft tyrannisiert und so wird der Nationalsozialismus jeden Freiraum zu beschränken suchen. Auch wenn sich im Roman mit Zwangsmaßnahmen der Wucher bekämpfen lässt – liberal klingt für heutige Ohren anders.[283]

d. Ethik:

Ähnlich wie in weiten Teilen der zeitgenössischen christlichen Verkündigung war für Philippi ethisches Handeln Ziel jeglicher Religion. Der Mensch ist durch Arbeit am Weiterbau von Gottes geschaffener Welt verpflichtet. Das kann mütterliche Arbeit sein, aber keinesfalls industrielles Tun, weil dieses im Auftrag der Dinge geschehe als Materialismus. Der wahre Sinn der Arbeit ist: Betätigung der Seele, Dienst am Lebendigen!" (58) Jesus hat mit seiner Arbeit Not mit den Menschen. Der heute – nach der industriellen Revolution – vorherrschende Gebrauch der Welt sei ein räuberisch gewaltsamer und gottloser Missbrauch nach dem Motto: „Nach uns die Sintflut!" (66) Christen hätten eine völkerbefreiende Aufgabe, unabhängig zu werden vom Wandel der Dinge. (69) Die Begegnung mit der Christusgestalt gibt den Jüngern keinen Aufschluss über das jenseitige Dasein, dessen Geheimnis bewahrt wird. Vielmehr werden die Jünger aufgerufen zur Verwirklichung des Reiches Gottes im Diesseits.

---

[282] Am 1. August 1914 beginnt für das Deutsche Reich der Erste Weltkrieg. Vgl. F.Ph., Front und Kirchlichkeit, CW, 10.2.1916, Sp.102, Supplementband,181ff.
[283] F. Ph., Niemandsland, aaO., 193., Supplementband, 247.

Im Hinblick auf die ethische Verpflichtung nimmt Philippi den Konziliaren Prozess von 1983 vorweg, mit seiner Erneuerung der christlichen Botschaft durch „Friede, Gerechtigkeit und Bewahrung der Schöpfung". Nur dass er die Abfolge dieses Programms in umgekehrter Reihenfolge gewertet und benannt hätte.

Der „abgelaufene" Grabstein (1933) von Fritz Philippi auf dem Wiesbadener Nordfriedhof, 2017.[284]

VI. Der Tod als bestimmendes Element in Theologie, Literatur und Leben

Was giebt's? – Die ganze Straße läuft zusammen.
Was ist? – Der Lärm der Großstadt stockt,
Geknault in einen Haufen, der voll Neugier
Die Hälse reckt und neue Gaffer lockt.

Das fragt und drängelt. – Platz der Polizei! –
Bewegung! Dort wird eine Gasse offen. –

---

[284] Nach Information der Friedhofsverwaltung ist die Ruhezeit dieses Grabes abgelaufen und es wird in absehbarer Zeit abgeräumt.

Verunglückt? .. Überfahren? .. Tot? ..
Ein Mann, den grad der Schlag getroffen.

Der Lärm zieht an, als hätt er neuen Atem.
Betäubend braust das Menschenmeer,
Dahin – daher ...

Und das Männlein dort? Gab niemand acht,
Wie's durch die Menge schlich und lacht'?
Und drüben jetzt an der Ecke steht,
Und nickt und geht?

Mit diesem Gedicht, „Der Tod in der Großstadt" in dem Gedichtband „Aus der Stille" erscheint im Jahr 1900 ein personalisierter Tod im Werk von Fritz Philippi. Die Deutung des Todes in Philippis Werk soll diese Arbeit abschließen. Auffällig an diesem frühen Gedicht ist, dass das archaische Bild von dem hämisch boshaften Tod mitten in dem Symbolumfeld der Moderne erscheint, in der Großstadt. Die medizinische Diagnose „Schlaganfall" ist hier zu erwarten – und steht gegen den Mythos der hier wirkenden lebensbeendenden Macht.

Wie viele Themen hat sich durch die modernen Naturwissenschaften auch der Blick auf den Tod verändert. War es in der christlichen Tradition – bei langsam wachsender Kenntnis von medizinischen Zusammenhängen - Gottes Ratschluss, der über Sterben oder Weiterleben entschied, tritt mehr und mehr der physiologische oder pathologische Befund an dessen Stelle. Seit Mitte des 19. Jahrhunderts weicht das individuelle Sterben als Einzelphänomen mehr und mehr epidemiologischen Statistiken, die medizinisch oder sozial begründete Wahrscheinlichkeiten aufstellen. Einerseits wird diese wissenschaftliche Betrachtung dazu führen, dass große Erfolge in der Infektionsbekämpfung zum Beispiel durch Impfungen oder technische Verbesserungen wie dem Bau von Abwasserkanälen erreicht werden, andererseits entzaubern sie den Tod, weil er nunmehr eben nach einer bestimmten Wahrscheinlichkeit eintritt – und nicht mehr selbstverständlich nach Gottes individueller Entscheidung. Zudem wandert das bis dahin öffentlich begangene Sterben mehr und mehr in die Isolation und schließlich in bürokratisch geregelte Prozesse.

Ein Blick in die Medizingeschichte beweist, wie sehr sich das Weltbild während der Lebenszeit von Fritz Philippi wandelte:

Die Grundlagen dafür, dass sich das menschliche Denken dem Materialismus zuwendet, liegen auch in den erfolgreichen Entdeckungen der modernen Medizin. Von Theologen wurden sie darum zuweilen bekämpft. Krankheiten müssen nicht mehr als „Geschick" hingenommen werden, sondern sie können mit geeigneten Mitteln bekämpft und sogar besiegt werden. Rudolf Virchow (1821-1902) legt mit der Entdeckung, dass eine Zelle nur von einer Zelle entstehen kann, die Grundlage für jede wissenschaftliche Medizin.[285]

Ernst Haeckels Entdeckung, dass jedes höher entwickelte Tier während seines embryonalen und fötalen Lebens (Ontogenese) alle niederen Stufen durchläuft, die in der jahrtausendealten Artenentwicklung durchlebt wurde, förderte eine materialistische Geisteshaltung.

Die Ausdifferenzierung der Mediziner in bestimmte Fachärzte konzentrierte die ärztlichen Erfahrungen und erhöhte die Chancen erfolgreicher Heilbehandlungen.[286]

In der zweiten Hälfte des 19. Jahrhunderts, in der Philippi sein Studium absolviert und dann Pfarrer wird, erlebt die Medizin eine radikale Umwälzung durch die Bakteriologie. Entdeckungen, wie die von Louis Pasteur (1822-1895) hatten großen Einfluss auf den Umgang mit Ansteckungsgefahren und auch der Lebenmittelhygiene durch die Pasteurisierung.[287] Schließlich schuf er auch die Grundlagen für den Impfschutz. Robert Koch (1843-1910) entdeckte 1898 den Bazillus der

---

[285] Vgl. Jean Starobinski, Geschichte der Medizin, Editions Rencontre and Erik Nitsche International, Lausanne, 1964, 69.
[286] Vgl. Starobinski, aaO., 75.
[287] Vgl. Starobinski, aaO., 140 f.

Tuberkulose und bestimmte die Methodik des wissenschaftlichen Umgangs mit Infektionen.[288] Der rätselhafte Krankheitserreger, der durch die Maschen solcher Wissenschaft zu schlüpfen vermochte, bekam 1892 zwar den Namen „Virus", konnte aber erst später unter dem Elektronenmikroskop identifiziert werden.

Die zwar schon alte Chirurgie bekommt mit verschiedenen Narkose-verfahren eine erhebliche Verbesserung, denn bis dahin mussten wegen der Schmerzen der Patienten alle Operationen in großer Eile erfolgen. Die infektiologischen Entdeckungen erreichten überdies, dass der operierte Patient nicht aufgrund der mangelnden Hygiene an einer Sepsis starb. Die Sterblichkeit hatte zuvor je nach Operation zwischen 30 und 100 Prozent gelegen. Joseph Lister (1827-1912) schuf die Grundlagen für aseptische Operationssäle,[289] nachdem der ungarische Gynäkologe Ignaz Semmelweis (1818-1865) an der Ignoranz seiner Kollegen gescheitert war. - Schließlich entdeckte Conrad Röntgen (1845-1925) im Jahr 1895 die nach ihm benannten Strahlen, die bald eine wesentlich präzisere Diagnostik ermöglichten.[290] 1896 entsteht die erste Röntgenaufnahme des Kopfes.

Dieser grobe Überblick beweist, dass die Flut neuer Entdeckungen das menschliche Selbstbewusstsein förderte, Herr über seine Gesundheit und sein Leben zu sein.

Fritz Philippi hat demgegenüber den archaischen Umgang mit dem Tod in seinen Westerwälder Geschichten beschrieben. Das Vertrauen in die moderne Medizin wäre dort vielleicht größer gewesen, wenn es nicht Stunden gedauert hätte, bis ein Bote zum Arzt und dann der Arzt nach Breitscheid gekommen wäre. Im Hinblick auf akute Fälle hatte man zuerst der heilkundigen Dorffrau zu vertrauen und dann dem Pfarrer, der rasch verfügbar war, auch wenn es weniger dessen Sache

---

[288] Vgl. Starobinski, aaO., 141.
[289] Vgl. Starobinski, aaO., 82.
[290] Vgl. Starobinski, aaO., 85.

war, ins Leben zurückzuführen, sondern den Abschied vorzubereiten. Nicht allein die Distanz zur Medizin, sondern vor allem auch ein beginnender Trend der Moderne, hatte hier noch nicht zu wirken begonnen. Der amerikanische Medizinhistoriker und Chirurg Sherwin B. Nuland beschreibt diesen Trend:

> Der Sterbende wird von der Außenwelt abgeschottet, klinisch sauber gehalten und zuletzt zum Begräbnis abtransportiert. Wir können heute nicht nur den Stachel des Todes, sondern die Macht der Natur leugnen.[291]

Philippi lässt den Tod auch 1906 in einem Gedicht als personifizierte Gefahr auftreten, so wie er ihn in seiner letzten Erzählung kurz vor seinem Tod immer wieder zeichnen wird:

> Sie beten: „Brich uns das liebe Brot!" –
> An der Schwelle draußen lehnt der Tod.[292]

Etwas ausführlicher kann sich der Tod vorstellen in der Erzählung „Der Armensarg", die Philippi für die Münchener Zeitschrift „Jugend" verfasst hat:

> Im Haus Pfeffergasse Nr. 13 stand in der Dunkelheit die Toreinfahrt noch offen, als sei jemand heute herein - oder herausgegangen, vor dem man respektvoll das Tor zu schließen vergaß. Das war der Tod. Alle Pfeffergässer gafften ihm nach, wie er die vermummte Tragbahre in den Sanitätswagen schob, die Wagen-

---

[291] Sherwin B. Nuland, Wie wir sterben: ein Ende in Würde? Aus dem Amerikanischen von Enrico Heinemann und Reinhard Tiffert. Kinler, München, 1994,16. Ariès lässt den Trend, das Sterben ins Krankenhaus zu verlegen erst in den 30er Jahren des 20. Jahrhunderts beginnen. Philippe Ariès, Geschichte des Todes, dtv, Stuttgart, 1982, 729f. 1967 hätten bereits 75% aller Todesfälle in New York im Krankenhaus oder ähnlichen Einrichtungen stattgefunden, 748.

[292] F.Ph., Du aber sprichst, in: Die christliche Welt,11, 15.3.1906, Sp. 251

tür zuwarf und sich auf den Bock schwang. Er schnalzte hörbar und strich mit der Peitsche seitaus, daß die Pferde stoben. Im Krankenhaus brauchten die Ärzte nur zu bescheinigen, daß das Kind des Kellners Plattfuß bereits tot sei.[293]

Ähnlich tritt der Tod auch weiterhin in dieser Geschichte als Person auf. Auf den ersten Blick könnte man diese Darstellungsweise für eine ironische Brechung halten, allerdings scheint Philippi ein präzises Bild von einem Tod zu haben, der schleicht, lacht, nickt und geht.

Auch in der Kriegsprosa tritt der nämliche Tod als Kamerad auf. In der Feldpredigt, die Philippi am 12. August 1915 in der christlichen Welt abdrucken lässt, heißt es:

Du weißt, für wen du duldest und die eiserne Wacht hältst, für wen du den Winter über ausgeharrt hast im Schützengraben und hast in Höhlen gehaust mit dem Tod als Gesell.

Ein Jahr später, 1916, ist in dem Beitrag „Aus dem Leben eines Frontpfarrers" im Evangelischen Gemeindeblatt zu lesen:

Ich weiß noch, wie ich gleich damals, als ich zuerst einen Schützengraben betrat, zu meiner Verwunderung bei mir ein Empfinden feststellte, das ich sonst beim Eintritt in einen gottesdienstlichen Raum hatte. Andacht war's. Denn hier bewegte sich das feldgraue Leben im Angesicht der Ewigkeit, und das ständige Gegenüber war der Tod. Darum dreht sich der Beobachtungsposten nicht um auf seinem Stand, auch wenn der General ihn anredet. Drüben ist noch einen höherer Vorgesetzter.[294]

---

[293] F.Ph., Der Armensarg; Beitrag in „Jugend", (Jahrg. 19, Heft 12 Seite 360ff), München, 21. März 1914.
[294] F.Ph., Aus dem Leben eines Frontpfarrers, Ev. Gemeindeblatt, Wiesbaden, 23.Juli 1916.

Der Soldat bewegt sich im Angesicht der Ewigkeit, sein ständiges Gegenüber ist der Tod. Hier rückt der Tod von seiner bisherigen Rolle ab, ein hämischer boshafter Lebensdieb zu sein und wird zum Vermittler der Ewigkeit. Nur wenig später erscheint an gleicher Stelle die Erzählung „Der Schloßherr von Bellrose", in der der Tod noch rätselhafter verschleiert wird:

> Mancher, mancher war draußen liegengeblieben, für immer und kam nicht wieder. Aber wir empfanden den Tod unserer gefallenen Kameraden noch nicht im endgültig bürgerlichen Sinne. Wir waren noch mitten in dem großen Zug desgleichen Kriegsschicksals, während sie bereits haltgemacht hatten irgendwo. Über uns wurde noch bestimmt. Wir warteten noch Befehl ab.[295]

Die Passage beweist die eben schon geäußerte Vermutung, dass Philippi im Krieg den Tod anders bewertet als im bürgerlichen Leben: War der Tod dort ein hämischer Zerstörer, hat er hier den gefallenen Kameraden nur eben ein Haltsignal gesetzt. Sie leben vielleicht nicht mehr, haben es aber bequemer im Hinblick auf den Zug der Überlebenden, der im Schützengraben entweder Befehle oder eine Kugel empfangen muss. Hier knüpft er an die antike Tradition an, dass der Tod im Krieg als im eigentlichen Sinne „Euthanasie", als leichter, schneller, schmerzloser und ehrenvoller Tod galt,[296] weil die Menschen in vormodernen Gesellschaften aus Erfahrung wussten, wie heftig und würdelos der Todeskampf für die meisten Sterbenden ausfiel.

Auch die Predigt Philippis am Totensonntag im Kriegsjahr 1917 bekräftigt dieses Bild:

---

[295] F.Ph., Der Schloßherr von Bellerose, Ev. Gemeindeblatt, Wiesbaden, 30. Juli 1916.
[296] Vgl. Axel Karenberg, Amor, Äskulap & Co. Klassische Mythologie in der Sprache der modernen Medizin. Schattauer, Stuttgart, New York, 2005, 60.

Unsere jüngeren Toten beanspruchen nichts mehr auf Erden für sich als nur das Grab. Sie lachen und weinen nicht mehr. Sie frieren und hungern nicht, sie kämpfen und leiden nicht mehr. Sie sind über allen Streit hinweggegangen in die ewige Ruh.[297]

Im Gegensatz zum hämischen Freund Hein ist der Kriegstod ein durchaus freundlicherer Geselle. Etwas später heißt es:

Wir müssen lernen, einen vorübergehenden und einen endgültigen Tod zu unterscheiden. Wir müssen den Tod sehen, wo wir ihn selber nicht sahen. Und wo wir ihn seither ausschließlich sahen, im Sterben des Leibes, müssen wir ihn sehen lernen, als wäre er nicht. Wer wirklich ein Wissender ist und ein Mensch wahrer Lebenserfahrung, der weiß durch Jesus Christus und durch den Dienst des Heldentodes seiner Liebsten: Das Sterben des Leibes ist das wahre Sterben nicht, sondern das Sterben der Seele ist der verewigte Tod.[298]

Das klingt wie die Propaganda einen Krieg später: „…, der setzt sich selbst ein ewig Monument!" - Auch in seinem ersten Nachkriegsroman „Weltflucht", 1920, gipfelt die Handlung in der Entscheidung, die die weibliche Hauptfigur Helga treffen muss. Der Arzt stellt sie vor die Frage, ob sie oder ihr Kind überleben soll – und sie entscheidet sich für ihr Kind:

Was einer lieber möchte, ist vergänglich. Das Muß aber ist ewig und schaut nach der Menschheit aus.[299]

Dieser Satz kennzeichnet vielleicht zugleich auch das Verhältnis Philippis zu den Tausenden von Kriegstoten, deren Tod er mit einem solchen abstrakten „Muss" begründen oder rechtfertigen kann.

---

[297] F.Ph., Der Schloßherr von Bellerose, aaO.
[298] F.Ph., Der Schloßherr von Bellerose, aaO.
[299] F.Ph., Weltflucht, Roman einer Siedelung. Verlag J.J. Weber, Leipzig, 1920, 251.

In der Sammlung „Auf der Hohen Heide" Westerwaldgeschichten aus dem Jahr 1921 findet sich die Geschichte, „Der Eierschuster", ein Manifest gegen den Materialismus.[300] Nachdem dem Schuster das Haus mitsamt seiner Ehefrau abgebrannt war, geriet er an den Branntwein und wurde zum „Lump" im Armenhaus. Er verkauft seine Äcker und hortet das Geld, um es einmal seinem Sohn zu überreichen, der aber nicht mehr heimkommt. Eines Tages merkt er „Der Tod kommt! Aber er will noch nicht sterben." Er kann noch nicht. Am schlimmsten ist ihm die Vorstellung, dass nicht sein Sohn, sondern das Dorf seine Taler bekommt. Darum will er sie zuletzt in den Brunnen werfen. Als er sie unter einer losen Diele hervorholt, stirbt er:

> Ein Zucken, und der Körper fällt nach, schwer und dumpf... und regt sich nicht mehr.

Hier haben wir es einmal mit einem physiologischen Tod zu tun, der nicht als Person auftritt. Todesursache: Materielle Gier.

Auch in seinem großen Zeitschriftenbeitrag „Die geistige Krisis der Gegenwart und die Zukunft des Menschen"[301] entmachtet Philippi den Tod angesichts seiner reichen Ernte im mechanisierten Krieg, der nach Philippi bewiesen habe, dass der „faustische Mensch" dem Untergang geweiht sei:

> ...dann war die Aufgabe der Seele restlos klar. Sie sollte den Erweis erbringen, daß sie alles Sichtbare hingeben könne, um ein Unsichtbares. Sie sollte den Beweis erbringen, daß es etwas Stärkeres gebe als Selbsterhaltungstrieb und das Toben der Ma-

---

[300] F.Ph., Auf der Hohen Heide, Bauerngeschichten, Bibliographisches Institut, Leipzig, 1921, 193-200.
[301] F.Ph., Die geistige Krisis der Gegenwart und die Zukunft des Menschen. Die christliche Welt, 12. Mai 1921, 35. Jahrgang, Nummer 19, Sp. 338-345.

schinengewalt. **Der Tod wurde die schöpferischste Tat des Lebens.** Das Opfer wurde die Mutter der Neugeburt.[302]

Diese Verklärung des Todes in einem heroischen Kurzschluss, hat wenig für sich: Philippi rechtfertigt die Gefallenen des Krieges, weil sie mit ihrem Opfer die Grundlage für ein neues Menschentum geschaffen hätten, das den faustischen Menschen ablösen werde. Die europäische Geschichte ist Philippis Spekulation von der heilsamen Wirkung des Krieges nicht gefolgt und hat das würdelose Sterben durch technische Perfektion der Waffen wenige Jahre nach seinem Tod noch perfider wiederholt.

Fast versöhnlich nimmt in Philippis Zuchthausroman „Vom Weibe bist Du!" der Tod den Jugendfreund Hans des Protagonisten Konrad weg. In einem Gespräch an der Ostsee bekennt der todkranke Mediziner, Hans:

> „Es ist wahrhaftig wahr, nur wir Menschen machen den Tod zu einem Wüterich. Er meint es gar nicht so schlimm, das sollte doch ein Fachmann wie ich ihm abgesehen haben. So oft hat vor meiner gelehrten Nase der Tod leise mit dem Stab auf die Schwelle geklopft, dann brüllte nur das Publikum, als sähe es ein Gespenst. Der aber, den's betraf, war willig und legte den Kopf in den Kissen zurecht."
> So lehrte Hans Böhm sich selber das Sterben und zeigte Konrad den Tod wie einen edlen Gast, den man feierlich begrüßen muß.[303]

Bevor der Tod kommt, waren die Jugendfreunde am Abend zusammen. „Da war der Tod in der Stube und beide Freunde spürten ihn." Das Sterben tags drauf findet eine ausführlichere Darstellung:

---

[302] Hervorhebung durch den Verfasser.
[303] F.Ph., Vom Weibe bist Du, 1922 (1911), 67.

Mit beiden Händen hat er nach der Brust gefaßt und nach kurzer Qual mit der Rechten seines Weibes Hand ertastet. Und hat dabei in einem großen, freudigen Erinnern die Augen offen stehen lassen. Bis seines Weibes Hand sie ihm schloß. Seitdem lächelt er im Stillen weiter."[304]

In diesem Roman lässt uns Fritz Philippi einen Blick nehmen auf seine persönliche Haltung zur modernen Medizin, die wir eingangs ausführlich charakterisiert haben. Er läßt den Arzt, Hans, bekennen, dass er von Arzeneien nicht viel halte. Angesichts von deren starken Giften halte er die Pharmazie auf dem falschen Weg:

Sie vergewaltigte den kranken Körper, statt ihm behutsam zu helfen. Sie hatte vor dem Menschenleib keine Andacht. Sie gab ihm Fußtritte von einer Ecke in die andre. Wenn das Herz aufgepeitscht war wie ein müder Gaul, war der Magen krank. Nun ging's auf den Magen los 'wart wir kriegen dich!' Und dann mußte das Herz wieder Schläge haben.[305]

Auch am Ende des Dramas „Belial", in dem Philippi die höllischen Teufel für die negativen Auswirkungen der Technik – vornehmlich im Krieg - verantwortlich macht, stirbt die Hauptfigur am Ende. Wie das gesamte vierte Bild ist dieser Tod weder zwingend im Sinne der Handlung, noch macht er klar, was damit für wen gewonnen wird. Allenfalls könnte man eine Moral annehmen: Wenn du dich zum Guten wendest, wirst du dein irdisches Ende erleben. Ob dies dann zu einer Verheißung darüber hinaus führt, bleibt ungeklärt. Belial hat sich gegen die Bosheit der anderen Teufel aufgelehnt, sein Erfolg ist nicht eindeutig, aber am Ende ist er tot. Der Tod eines Ex-Teufels bleibt wenig ergiebig wie das gesamte Ende des Theaterstücks, das durchaus verheißungsvoll im Sinne eines expressionistischen Dramas begonnen hatte.

---

[304] Vom Weibe bist Du, aaO., 85.
[305] Vom Weibe bist Du, aaO., 69.

Fritz Philippi lässt vornehmlich in zwei Gedichten etwas sehr Persönliches erkennen. Im Gedichtband „Die heimliche Stimme" aus dem Jahr 1915 bekennt sich das lyrische Ich, hinter dem der Autor zu stehen scheint, offen zur Todessehnsucht:

> Und Mantel, Bart und Aug verschneit ...
> Ich wandre, wandre immerzu.
> Und durch den Himmelsfrieden schreit
> Meine Seele nach der ewgen Ruh.[306]

Die Wirkung des alles in leisen Schnee tauchenden Winterwetters ist überraschend. Sie lässt den Autor an sein Ende denken. Im gleichen Band findet sich das Gedicht „Karfreitags-Bitte", das ebenfalls ein persönliches Bekenntnis enthält, mit dem sich nur der Autor, nicht sein lyrisches Ich erklärt. Er preist da seinen frühen Tod, der dann auch genau so 18 Jahre später eintreten wird:

> Gieb andern abseits ihre Altersecke.
> Mir gieb nicht Feierabend vor dem Sterben.
> Ich möchte nicht, dem Leben aus der Strecke
> Geräumt, vorm Tode greisenhaft verderben.
>
> Mir grauste, an dem letzten hohlen Schatten
> Des Noch-Dabeiseins bettelnd zu erwarmen ...
> Verbrauche mich, bis mir die Kräfte matten.
> Nimm mich vom vollen Leben aus Erbarmen!
>
> Laß flüstern hinter mir, die meine Leiche
> Geleiten: Er ging früh. Er konnt noch nützen ...
> An meiner Ruh laß aufrecht stehn die Eiche
> Und in mein Grab dein Hergottsfeuer blitzen.[307]

---

[306] „Nun schneit die ewge Ruh ins Land, Die heimliche Stimme, 1915,47.
[307] Die heimliche Stimme, aaO., 83.

Philippi legt hier sein Arbeitsethos offen, dass ihm den Sinn seines Daseins bedeutet. Solange er arbeiten kann, will er noch leben; wenn er nicht mehr arbeiten kann, möchte er tot sein. Genau in diesem Sinne lassen sich auch seine Kriegseinsätze verstehen. Philippi will der Sache nützen, den Kameraden nützen und fühlt sich in vorderster Front richtig, weil eine totbringende Granate mit diesem Ethos durchaus vereinbar ist.

Vor der individuellen Entscheidung eines Menschen, den Ruhestand als „hohlen Schatten", als Bettelei, als kalte Uneigentlichkeit einzuschätzen, kann der Leser durchaus Respekt haben. Allerdings: Wie ist Pfarrer Philippi mit den Senioren seiner Zeit umgegangen, wenn er deren Status als einen mehr oder weniger überflüssigen Zustand gesehen hat? Noch weiter ausgelegt führt die Haltung dieses Gedichts zu dem Schlagwort: Das Leben ist nichts, die Arbeit alles. Am Ende eines arbeitserfüllten Lebens lässt Philippis Phantasie die gute alte deutsche Eiche stehen, wir dürfen sie als das unverwüstliche Vaterland übersetzen und dann folgt das zunächst unverständliche „Herrgottsfeuer", das in sein Grab blitzen soll.

Obwohl das Feuer in der christlichen Bilderwelt auch in der Pfingstgeschichte Synonym für den Geist Gottes sein kann, halten wir es hier eher für ein Zeichen der Destruktion. Gott nimmt das Leben und lässt das irdische Dasein damit verbrennen. Dies deuten wir in Analogie zu der letzten Erzählung, die von Fritz Philippi publiziert worden ist, in „Der Hexenmüller", der posthum 1934 in der Zeitungsbeilage „Alt-Nassau" erschienen ist.[308]

Während die Anlage der Erzählung sich als lokales Heimatmärchen tarnt, reflektiert Philippi hier seine Erfahrung als Patient, der einerseits die bewunderungswürdigen Erfolge der modernen Medizin sieht und anerkennt, der andererseits am Ende weiß, dass gegen bestimmte Krankheiten kein Kraut gewachsen ist. Philippi lässt seinen Hexenmüller im Wispertal gegen alle leichteren Erkrankungen das rechte

---

[308] Der Hexenmüller, vollständig im Supplementband, 485ff.

pflanzliche Kraut kennen, was diesem eine geachtete – und gefürchtete – Position unter den Bauern einträgt. Als dann sein Pflegekind an Pocken erkrankt, weiß er, dass er es an den Tod verloren hat. Hier tritt der Tod wieder als Person auf, wie in Philippis literarischer Anfangszeit. War er zwischenzeitlich eher zur abstrakten Macht geworden, gewinnt er hier wieder seinen boshaft lächelnden Charakter. In der Logik der Erzählung rächt sich der Tod am Hexenmüller dafür, dass dieser ihm so manches Opfer von der sicher geglaubten Schippe genommen hat, als er seine Kräuter applizierte. Der Tod weiß, dass der Hexenmüller „sich vermessen hat, Herr zu sein in des Todes Reich". Hinter dem Hexenmüller ist die moderne Medizin zu erkennen, die die Geheimnisse so mancher Krankheit und so mancher Gemeinheit des Todes entdeckt hat. Aber am Ende kommt der Tod mit einem überlegenen leisen Lächeln, „wie ein Großer tut zum Spiel der unmündigen Kinder". Der Hexenmüller hat den Kampf gegen den Tod verloren und der einzige Weg, sich nicht der Entscheidung des Todes auszusetzen, ist, dessen Geschäft selbst zu übernehmen: Der Besiegte steckt nach dem Tode des Kindes seine Mühle in Brand und verbrennt mit ihr und dem toten Kind.

Den Abgesang dieser Erzählung bieten wiederum – wie in den frühen Westerwälder Erzählungen - die Naturmächte, die Schatten der Nacht über dem Wildwasserley, die Berge mit langen Gewändern. „Und die redenden Wälder im Wispertal halten Zwiesprache" hinter dem Rükken der heutigen Wanderer. Der letzte Satz ist wie ein trotziges Aufbegehren gegen die wirkliche Deutung dieser Geschichte: „Gleich kommt der Hexenmüller aus dem Wald."

Aber da haben sich die Mühle und die beiden Menschen bereits in Rauch und Asche aufgelöst und nun erst wird das Raunen des Waldes zum realitätsfernen Märchen, das nur noch an die Gegenwart von längst vergangenen Zeiten erinnert.

„Der Hexenmüller" ist Fritz Philippis Begleitmusik zum eigenen Sterben, sein Abgesang und das Echo seines Rufens, der er die gleiche Diagnose gestellt bekam, wie seine Mutter, deren elendes Sterben er von Weitem verfolgt hat. Ihr greises Betteln ist ihm noch im Ohr, die ihren Sohn zum Beistand erbat – und nicht bekommen hat. Die Krebserkrankung entspricht den Pocken in der Geschichte. Sie lässt die menschliche Heilkunst kapitulieren. Sie ermächtigt den Tod und lässt ihm nach Belieben den Zugriff auf das menschliche Leben.

Bemerkenswert ist das völlige Fehlen einer Jenseitsperspektive, die Philippi für die Auferstehung seines gedemütigten Volkes durchaus parat hatte. Der einzelne wird vom Tod verbrannt. Nach dem Tod des irdischen Leibes bleibt nur Asche. Das ist der individuelle Preis, den Philippi für die Liberalität seiner Theologie zahlt: Ihm steht das Bild von der ewigen Liebe Gottes, in die das Ende der Zeit alles Leben zurücksinken lässt nicht zu Gebot.[309] Ein sensibles von Industrialisierung, Positivismus und Nationalglaube geprägtes Leben ist 1933 zuende gegangen, dessen Gott sich um das Wohl der Nationen und der Natur kümmerte, aber nicht um das Los derer, die dem Tod ausgeliefert werden. Philippis Haltung gegenüber dem Tod zeigt in der letzten Phase eine ausgeprägte Tendenz zum Dualismus. Letztlich ist sein Gott nicht der Herr über den Tod, sondern der Tod ist der Gott der Lebensgrenze über den am Ende nichts und niemand regiert und der nur Asche hinterlässt. Für diese liefert der Gott des Himmels allenfalls den initialen Blitz. –

Wildwuchs und Unkraut haben auf Erden am Ende das Sagen, wie der Efeu den Grabstein Philippis auf dem Wiesbadener Nordfriedhof überwuchert und fast völlig unsichtbar gemacht hat, bis er in naher Zukunft abgeräumt und verschottert wird.

„Wohl dem, der jetzt noch Heimat hat."[310]

---

[309] Nach Philippe Ariès entspricht dies einem zunehmenden Trend, demnach in den 1970er Jahren nur noch zwischen 30 und 40 Prozent aller Befragten an ein zukünftiges Leben glauben. Geschichte des Todes, (1978 frz.) Aus dem Französischen von Hans-Horst Henschen und Una Pfau. Deutscher Taschenbuch Verlag, München, 1982, 737.

[310] Friedrich Nietzsche, Vereinsamt.

C. Abschließende Betrachtung

Karl Barth, [311] dessen neuorthodoxe Theologie die Zeit nach dem Zweiten Weltkrieg bestimmen wird, hat am Ende dieses Zweiten Weltkriegs mit einer kleinen Schrift die nationalsozialistische Epoche betrachtet und erinnert darin an einen Gegner der Deutschen im Ersten Weltkrieg:

> Eine der merkwürdigsten Theorien über die Deutschen ist sicher die ihres alten Feindes aus dem vorigen Krieg, des französischen Ministerpräsidenten Clemenceau. Ich zitiere sie in seinen eigenen Worten, wie er sie kurz vor seinem Tod [312] zu seinem Privatsekretär gesprochen hat:
> „Lieber Freund, es entspricht dem Wesen des Menschen, das Leben zu lieben. Der Deutsche kennt diesen Kult nicht. Es gibt in der deutschen Seele, in der Kunst, in der Gedankenwelt und Literatur dieser Leute eine Art von Unverständnis für alles, was das Leben wirklich ist, für das, was seinen Reiz und seine Größe ausmacht und anstelle dessen eine krankhafte und satanische Liebe zum Tod. Diese Leute lieben den Tod. Diese Leute haben eine Gottheit, die sie zitternd aber doch mit dem Lächeln der Ekstase betrachten, als wären sie von einem Schwindel erfasst. Und diese Gottheit ist der Tod. Woher haben sie das? Ich weiß darauf keine Antwort. Der Deutsche liebt den Krieg aus Selbstliebe und weil an dessen Ende das Blutbad wartet. Der Krieg ist ein Vertrag mit dem Tod. Der Deutsche begegnet ihm, wie wenn er seine liebste Freundin wäre."

Was Clemenceau hier den Deutschen vorwirft, ist fast eine präzise Beschreibung dessen, was wir aus einigen Schriften Philippis herauslesen können. Ohne dass wir eine psychoanalytische Deutung vornehmen

---

[311] Karl Barth, Zur Genesung des deutschen Wesens. Ein Freundeswort von draußen. Verlag von Franz Mittelbach, Stuttgart, 1945, 20.
[312] Georges B. Clemenceau (1841-1929) regierte Frankreich in der Kriegszeit – des Ersten Weltkrieges - 1917 bis 1920 als linker Nationalist.

wollen, die eine solche Haltung bei Erich Fromm bekommen hätte, ist das Bild, das seine veröffentlichten Schriften und die wenigen persönlichen Dokumente zeichnen, von Todessehnsucht, oder im Fromm'schen Sinne von „Nekrophilie" geprägt. Wollte man den Fritz Philippi, der aus seinen hinterlassenen Schriften spricht, auf die Couch des Psychoanalytikers legen, fände man ihn in vielen Passagen Fromms zutreffend geschildert.[313]

Wir hätten es freilich mit einem „leichten Fall" zu tun, der zudem als Theologe vielleicht ein wenig zu verbaler Gewalt neigt, nicht aber zu körperlicher Destruktion. Wenn das Wort von Clemenceau die Wirklichkeit beschreibt, wäre er dabei in Deutschland in großer Gesellschaft gewesen.

Das schafft ihm heute sicherlich eine große Distanz zum heutigen Leser, der sich bei der Lektüre von Philippis reich gestreuter Hinterlassenschaft seines eigenen „Materialismus" bewusst wird, zu dem auch die Liebe zum irdischen Leben gehört, die sich theologisch in der Schöpfungstheologie ihren Ausdruck verschafft hat. Weil Gott die Welt geschaffen hat, ist es – auch theologisch – die Aufgabe des Menschen, die Schöpfung und das geschenkte Leben zu erhalten. Philippis Theologie ist einerseits davon überzeugt, dass die Natur göttlichen Ursprungs ist, dass aber die Aufgabe und der Sinn des menschlichen Lebens nicht in der Erhaltung des irdischen Lebens liegen können.

In seinen Westerwaldgeschichten entdeckt er urtümliches menschliches Leben, das heroisch einer Natur trotzt, die sich ihm immer wieder in den Weg stellt und nahe daran ist, „natürliches" Menschsein zu symbolisieren. In der Auseinandersetzung um die Humanisierung des Strafvollzuges kämpft Philippi durchaus im Sinne einer irdischen Gerechtigkeit und Humanität, während er ab 1914 für einige Jahre eine völkisch bestimmte Opferbereitschaft fordert, derzufolge Menschen

---

[313] Vgl. Erich Fromm, Die Seele des Menschen: ihre Fähigkeit zum Guten und Bösen. Amerik. Originalausgabe 1964, dt. übersetzt von Liselotte und Ernst Mickel, Deutsche Verlags-Anstalt, Stuttgart, 1979, 36-53.

für die Verteidigung der eigenen Nation alles hinzugeben hätten. Philippi fragt in der Nachkriegszeit nach den Ursachen, warum dieser vaterländische Krieg nicht nur eine Katastrophe war, sondern durch die Niederlage auch eine Demütigung und Strafe für das deutsche Volk geworden ist. Hier teilen sich seine Antworten einerseits in die religiöse Mission, die das gedemütigte deutsche Volk in die Nachfolge Jesu rufe und andererseits in eine herbe Technik- und Zivilisationskritik, dass der Teufel durch die moderne Zivilisation die Menschen zur Sache machte.

In seinem Briefwechsel mit Karl Weckerling gibt sich Philippi als heftiger, unbeherrschter Charakter mit wenig Geduld zu erkennen, dessen grobe Forderungen allerdings durch Humor gemildert sind. Diese Ungeduld ist vielleicht auch der Schlüssel zu seinem sofort mit Beginn des Ersten Weltkrieges geäußerten Wunsch, bei dessen Schlachten dabei zu sein, wie dies das Tagebuch der ersten Kriegstage enthüllt. Ungeduld ist zugleich das Wort, das den Lyriker Philippi kennzeichnet. Er hat einen „direkten Draht" zu den Geschehnissen und Diskussionen seiner Zeit, er hat schnell Bilder und Worte, um sie zu Gedichtentwürfen zusammenzusetzen und ihm fehlt oft die Geduld, aus den Entwürfen elaborierte Gedichte zu drechseln, die dann aufgrund ihrer tadellosen Form überzeitliche Bedeutung gewonnen hätten. Er leert seine Botanisiertrommel aus und überführt ihren Inhalt nicht in eine geordnete Sammlung.

Im Rückblick zeigt sich in Fritz Philippi ein ungeheuer fleißiger Pfarrer, Schriftsteller und – in Kriegszeiten – auch Journalist, der mit seinem Werk auf die Fragen seiner Zeit rasch Antworten gab. Während seine Westerwald-Geschichten großen Zuspruch bei einer großen Lesergemeinde fanden, sind seine umfangreichen Zeit-Romane offenbar weniger gut angekommen. Dennoch haben zwei von ihnen eine zweite Auflage erlebt. Gegen seine schreibende Konkurrenz ist Philippi auch mit diesen nicht angekommen.

Die Frage, woher Philippi Impulse für sein Werk empfangen hat, ist nicht leicht zu beantworten. Er selbst hat uns auf Gerhart Hauptmann hingewiesen, den wir als sein großes Vorbild sehen können. Hauptmann hat wie Philippi Romane, Dramen und Gedichte geschrieben. Ob für seine späteren Westerwälder Geschichten der völkische Bestseller-König der Zeit um die Jahrhundertwende 1900, Gustav Frenssen, Vorbild wurde, oder ob beide unabhängig voneinander ein ähnliches Themenformat entwickelt haben, lässt sich nicht klären. Ebenso bleibt nur Vermutung, dass Philippi von dem 1916 erschienenen „Wanderer zwischen beiden Welten" von Walter Flex geprägt wurde. Philippis „Belial" hat vermutlich Anregung durch Hugo von Hoffmannsthals „Jedermann" empfangen, das individuelle Schicksal von dessen Protagonisten hat er in das kollektive Schicksal der Menschheit transformiert. - In seiner schriftstellerischen Methode kann Philippi – wie seine gleichalte Kollegin Ricarda Huch – als Neuromantiker bezeichnet werden. Wir gehen davon aus, dass sich romantische Literatur – und nicht nur, wie bei vielen Zeitgenossen, Goethe – in seinem Bücherschrank befunden hat. Da er auch Realismus und Expressionismus integriert, gehört er keiner reinen literarischen Richtung an.

Das Werk von Philippi ist geprägt von einer leidenschaftlichen Abneigung gegen den Materialismus, zu dem er auch alle sozialistischen und kommunistischen Ideologien zählt. Auf der Suche nach einer Lösung für die soziale Frage setzt er zunächst auf die Institutionen des Kaiserreichs, später auf die sich nicht erfüllende Hoffnung, dass die Kirche zum geistig-geistlichen Führer der bürgerlichen Gesellschaft werde, um Gerechtigkeit und Sitte wiederherzustellen. Wie eine solche Politik aussehen könnte, schildert er in seinem Roman „Niemandsland" und der heutige Leser hat Assoziationen, die mit dem Wort „Gottesstaat" oder „Mullah-Regime" umrissen werden können.

Philippi ist ein Autor, der mit seinem umfangreichen Werk den Blick freigibt auf eine Epoche, deren Umwälzungen für eine Generation schier ungeheuer und gewaltig scheinen. Ihm kommt das Verdienst zu, mit hoher Sensibilität Themen erfasst zu haben und mit großer Geschwindigkeit aus solchen Themen Literatur verfertigt zu haben.

Sein Gesamtwerk ist vielleicht nicht zu vergleichen mit anderen Schriftstellern seiner Generation, aber es ist eine zuverlässige Fieberkurve für die Nöte und Fragen seiner Zeit. Und das macht es unabhängig von den literarischen Schwächen und von den befremdenden inhaltlichen Vorschlägen zu einer kostbaren Reminiszenz.

Benutzte Literatur:

Althaus,Paul: Die christliche Wahrheit, Gütersloher Verlagshaus, 1959.

Ariès, Philippe: Geschichte des Todes. (1978 frz.) Aus dem Französischen von Hans-Horst Henschen und Una Pfau. Deutscher Taschenbuch Verlag, München, 1982,

Barth, Karl: Zur Genesung des deutschen Wesens. Ein Freundeswort von draußen. Verlag von Franz Mittelbach, Stuttgart, 1945.

Binding, Rudolf Georg: Unsterblichkeit, Literarische Anstalt Rütten & Loening, Frankfurt am Main, 1924.

Bock, Alfred: Das fünfte Element, Roman, Verlagsbuchhandlung J.J. Weber, Leipzig, 1924.

Bonus, Arthur: Zur Germanisierung des Christentums, Eugen Diederichs, Jena, 1911.

Cabré, Jaume: Die Stimmen des Flusses, Suhkamp, Frankfurt, 2008.

Conrad, Ruth: Lexikonpolitik, Die erste Auflage der RGG im Horizont protestantischer Lexikographie, Walter de Gruyter, 2006.

Diwald, Hellmut: Geschichte der Deutschen. Verlag Ullstein, Frankfurt, Berlin, Wien, Propyläen, 1978.

Friedell, Egon: Kulturgeschichte der Neuzeit. 7.-12. Aufl. C.H. Beck Verlagsbuchhandlung, München 1929.

Fromm, Erich: Die Seele des Menschen, Ihre Fähigkeit zum Guten und zum Bösen, dva, Stuttgart, 1979.

Eichendorff, Joseph von: Sämtliche Gedichte, Deutscher Taschenbuch Verlag, München,1975.

Ericksen, Robert P.: Theologen unter Hitler, Das Bündnis zwischen evangelischer Dogmatik und Nationalsozialismus, Carl Hanser Verlag, München, Wien, 1986. (engl. Yale University Press, 1985.)

Graf, Friedrich Wilhelm: Die Wiederkehr der Götter; Religion in der modernen Kultur. Verlag C.H. Beck, München, 2004.

Haußleitner, Johannes: Das Wort Gottes und die Bibelkritik, Verlag von Martin Warneck, Berlin, 1912, Hefte des Allgemeinen Positiven Verbandes, Heft 5.

Heussi, Karl: Kompendium der Kirchengeschichte. 16. Aufl. J.C.B. Mohr (Paul Siebeck), Tübingen, 1981.

Hirsch, Emanuel: Das Wesen des reformatorischen Christentums. Walter de Gruyter, Berlin, 1963.

Hoffmann, Ernst T. A.: Lebensansichten des Katers Murr, Werke, Bd. 3, Insel-Verlag, Frankfurt, 1967.

Hoffmann, Ernst T. A.: Nußknacker und Mausekönig, Werke, Bd. 2, Insel-Verlag, Frankfurt, 1967.

Karenberg, Axel: Amor, Äskulap & Co. Klassische Mythologie in der Sprache der modernen Medizin. Schattauer, Stuttgart, New York, 2005.

Kershaw, Ian: Höllensturz, Europa 1914 bis 1949. 2. Aufl., aus dem Englischen von Klaus Binder, Bernd Leineweber und Britta Schröder. Deutsche Verlags-Anstalt, München, 2016.

Marquard, Odo: Abschied vom Prinzipiellen. Reclam, Stuttgart, 1981.

Müller, Hans Martin (Hrg.): Christliche Wahrheit und neuzeitliches Denken, Katzmann, Tübingen / Thuhoff, Goslar, 1984.

Nuland, Sherwin B.: Wie wir sterben: ein Ende in Würde? Aus dem Amerikanischen von Enrico Heinemann und Reinhard Tiffert. Kindler, München, 1994.

Ortega y Gasset, José: Der Aufstand der Massen, Deutsche Verlagsanstalt, Stuttgart, 1957.

Pfarrchronik der Ev. Ringkirchengemeinde Wiesbaden, Ms. im Gemeindeeigentum (Kopie im Zentralarchiv der EKHN).

Rathenau, Walther: Zur Mechanik des Geistes. S. Fischer Verlag, Berlin, 1917.

Religion in Geschichte und Gegenwart, 3. Aufl., 7 Bde., J.C.B. Mohr (Paul Siebeck), Tübingen, 1958. (1. Aufl.)

Ritschl, Albrecht: Unterricht in der christlichen Religion, A. Marcus und E. Weber's Verlag, Bonn, (1875), 6.Aufl., 1903.

Salomon, Ernst von: Der Fragebogen. Rowohlt Hamburg, 1951, Sonderausgabe Europäischer Buchklub, Stuttgart, Zürich, Salzburg, o.J. (vor 1955).

Schleiermacher Friedrich: Der christliche Glaube nach den Grundsätzen der evangelischen Kirche im Zusammenhange dargestellt. J.J. Mäck'sche Buchhandlung, Reutlingen, 1828, II.

Schmitt, Carl: Politische Romantik. Duncker & Humblodt, Berlin, (1919) 4. Aufl. 1982.

Spengler, Oswald: Der Mensch und die Technik, Beitrag zu einer Philosophie des Lebens. C. H. Beck'sche Verlagsbuchhandlung, München, 1931.

Starobinski, Jean: Geschichte der Medizin, Editions Rencontre and Erik Nitsche International, Lausanne, 1964.

Stürmer, Michael: Das ruhelose Reich, Siedler, Deutsche Geschichte, Siedler Verlag, Berlin, 2004.

Tillich, Paul: Vorlesungen über die Geschichte des christlichen Denkens, II. Ev. Verlagswerk, Stuttgart, 1972.

Wach, Joachim: Religionssoziologie, nach der vierten Auflage übersetzt von Helmut Schoeck, J.C.B. Mohr (Paul Siebeck), Tübingen, 1951.

Index

Bei fett wiedergegebenen Stichworten handelt es sich um Philippis Werke.

G